「カムカムエヴリバディ」の平川唯一《ただいち》

戦後日本をラジオ英語で明るくした人

平川 洌

PHP文庫

○本表紙図柄＝ロゼッタ・ストーン（大英博物館蔵）
○本表紙デザイン＋紋章＝上田晃郷

推薦の言葉

さだまさし

ＮＨＫの朝の連続テレビ小説「カムカムエヴリバディ」への出演依頼を頂くまで、僕は平川唯一《ただいち》さんの存在を全く知らなかった。

ただ不思議だが「カムカム英語」の世代では無いにも関わらず、主題歌の〝カム・カム・エヴリバディ〟には「聞き覚え」があった。「One and two and three, four, five」の部分だ。幼い頃どこかで聴いたものか、或いは母が無意識に口ずさんでいたのを聞き憶えたのかは解らないが、何故かとても懐かしかった。

それでふと、もしかしたら終戦直後の日本人にとってのこの歌はとても大切な歌だったのかもしれないと思う。平川唯一《ただいち》さんが敢えて〝証城寺《しょうじょうじ》の狸囃子《たぬきばやし》〟をテーマソングに選んで自ら作った英語の詞を乗せた、クリエイターとしてのアイデアとセンスに驚く。日本の童謡に英語の歌詞。まさにこの歌は戦後の日本とアメリカを繋《つな》ぐ架け橋のような象徴的な歌であったろうと思う。

「父は終戦後、暗く沈み込んだ日本を、とにかく明るくしたかったのです」、それから「良い意味で父は戦後の日本とアメリカを繋ぎたかったのです」。お写真で見るお父上にそっくりなご子息の平川洌《きよし》さんは、カーネギーホールに立ったこともある一流のウクレレ奏者らしいリズミックで明るいお声、大らかで温かな笑顔で、そんな風に仰《おつしや》った。ドラマが始まる前にどうしてもご挨拶したくてお願いしてお目に掛かった折のことだ。

洌《きよし》さんは、その時、「あなたは父の役にぴったりですよ。私たち家族はみんな喜んでいます」と勇気づけて下さった。国民には当時の皇太子殿下（現・上皇陛下）の次に人気があった人、と聞くだけで僕はそのような方を演じることに身がすくむ思いだったのだ。ああ、お父様もこんな風に人を勇気づける人だったのだろうなと素直に思った。

家庭人としても温かで家族を大切にする方だったことは子供さん達ご兄弟の仲の良さからも伝わってくる。岡山県高梁《たかはし》市で生まれ、若くしてアメリカに渡り、後にハリウッド映画にも出演するという不思議な経験を積んだ後に帰国し、ＮＨＫアナウンサーを経て英語教育に身を捧げることになったこの偉大な人の足跡を、ご子息が尊敬を込めて丁寧に辿《たど》りながらお書きになったのが本書だ。

当時の日本人の、或いは平川唯一《ただいち》という人のスケールの大きさや志の高さ、そして英語への愛と日本の未来への希望が伝わってくる。戦前・戦後の日本人がどう生きていたのか、当時の社会がどんな風だったのか、身近な歴史書としても素晴らしい作品だと思う。

はじめに

いまから七十五年前の昭和二十一年（一九四六年）二月一日、NHKラジオで「カムカム英語」は産声《うぶごえ》をあげました。それは、敗戦によって沈みがちな人びとの心に新たな希望をもたらし、瞬く間に人気番組となっていきました。まさに一世を風靡《ふうび》したのです。

NHKラジオで五年、民放のラジオ局を合わせると九年六カ月（民放で放送が始まるまで十カ月間休止しています）にわたって続いた英語会話番組の講師として、マイクの前で明るく流暢《りゅうちょう》な英語をしゃべりつづけたのが、私の父、平川唯一《ひらかわただいち》です。

十六歳でアメリカにわたり、以後十九年間のアメリカ生活を送ったとはいえ、英語教師でもなく、一介のアナウンサーとして日本放送協会に採用された父が、なぜ、聴取者から「カムカム先生」と呼ばれ、五〇万通ものファンレターが届くほどの存在となったのでしょうか。

もちろん、「赤ちゃんになったつもりで口真似ごっこをし、英語遊びをしながら言葉を覚えましょう」という、まったくの英語の初心者にも取り組みやすい教え方であったことが大きかったでしょう。

ですが、なによりも、そこに平川唯一《ただいち》という人間の、何事にも怯《ひる》まない生き方や信念が強く表れていたからではないかと、私は思います。カムカムファンには、父から全人格的な影響を受けた方々が大変多くいました。「カムカム英語」を通じて、英語会話だけでなく、生きる勇気やチャレンジ精神、思いやりを学び、自信をもって国際社会に羽ばたいていった若者たちがたくさんいたのです。

いま現在でも、父の愛情に満ちた声とともに生きているカムカムベイビーたちが、世界じゅうに数多く存在します。

英語がかつてないほど身近なものになっているいまこそ、英語会話の学び方に新風を吹き込んだ「カムカム英語」と唯一《ただいち》のことを、あらためてお伝えできる機会があればと考えていました。

お祝いムードの高梁市津川地域市民センター(2021年3月)

そうした折の二〇二〇年夏、NHKより「カムカム英語」を題材とする連続テレビ小説（朝ドラ）を制作したい旨のご連絡がありました。あわせて、かつて出版した『カムカム エヴリバディ』（NHK出版）を復刊するお話もあり、うれしく思っていたところに、PHP研究所から「新たな平川唯一《ただいち》伝をまとめたい」というお話をいただきました。

昨今の新型コロナ禍で、仕事や生活スタイルを否応なく変えざるをえず、人びとが明るさを失っていく様は、敗戦後の日本の状況とよく似ているように思えてなりません。

父は、

「僕は英語を教えたというより、暗い戦後の空気をなんとか明るくしたかったんだ」

と、ことあるごとに語っていました。

たえず、自分の周囲にいる人たちの幸せのために行動してきた父が生きていたら、まさにいま、これからの時代を生きるみなさんに、希望の光を届けたいと奔走《ほんそう》するにちがいありません。

ほんとうなら、父の品格のある英語と、はずんだ語り口を、みなさんにも直接聞いていただきたいところですが、それはかなわないことですので、せめて、この本で唯一《ただいち》の英語にかけた情熱とともに、前を向いて生きることのすばらしさを感じ取っていただければと願っています。

♪Come, Come, Everybody♪

平川　洌《きよし》

目次

episode—2 アメリカでの十九年間

episode—3 戦争が残したもの

episode―4 いよいよ始まるカムカム英語

episode—5 カムカム英語が残したもの

COME COME EVERYBODY

カムカムエヴリバディ

平川唯一作詞　中山晋平作曲　飯田信夫編曲

I

Come, come, everybody.	こいこい　みんなこい
How do you do, and how are you?	こんにちは　で　ごきげんさん
Won't you have some candy,	おかしを　めしあがれよ
One and two and three, four, five?	ひとつ　ふたつ　みつ　よつ　いつ
Let's all sing a happy song,	みんなで　うたおよ
Sing tra la la la la.	うれしい　うたを

II

Good-bye, everybody,	さよなら　みなさん
Good night until tomorrow.	おやすみ　またあした
Monday, Tuesday, Wednesday,	月曜　火曜　水曜
Thursday, Friday, Saturday, Sunday,	木曜　金曜　土曜　日曜
Let's all come and meet again,	またきて　うたおよ
Singing tra la la.	たのしい　うたを

【凡例】

- ●ラジオ放送時の内容については、放送時の音源が残っているものはそれに基づき、音源がなく台本のみが残っている場合は台本に準拠している。
- ●放送時のテキストについては、原則として当時のまま再現しているが、誤植などについては、最小限の範囲で修正している。
- ●平川唯一氏およびよね氏が書かれたものについては、「新字・新かな」に表記をあらためた。また、現代では不適切とも見なされる表現が含まれている場合があるが、時代背景を考慮し当時のまま収録している。
- ●終戦の詔書（玉音放送）の原文（P125～126）は宮内庁発表のものに、現代語訳（P125～126）は『天皇の昭和史（第30巻）』（読売新聞社）に、英訳（P129～130）は外交史料館所蔵のものに、それぞれ準拠している。
- ●以上のほか、原典にタイプミスなどがある場合も、最小限の範囲で修正している。

プロローグ

あれは、私が小学校低学年のころでした。担任の北村先生や仲間から元気の塊《かたまり》のような少年と見なされるほど活発だった私は、放課後、運動場で目いっぱい遊んだあと、東京・世田谷の若林小学校から家に向かってバス通りをのんびりと歩いて帰っていました。

するとどこからともなく明るい音楽が聞こえてきました。そのメロディは、誰もが知っているあの童謡、「証城寺《しょうじょうじ》の狸囃子《たぬきばやし》」です。

しょう、しょう、しょうじょうじ。しょうじょうじの庭は、つ、つ、月夜だ、
みんな出てこいこいこい

小さいころからつい歌詞を口ずさんでしまう、「証城寺の狸囃子」の英語の替え歌

があちこちの家のラジオから流れてきます。

♪Come, come, everybody.
How do you do, and how are you?
Won't you have some candy,
One and two and three, four, five?
Let's all sing a happy song,
Sing tra la la la.

毎日夕方六時三十分から十五分間、NHKラジオで放送されていた「英語会話」のテーマソングです（昭和二十一年二月一日の放送開始時は十八時三十分スタートでしたが、その後一カ月もしないうちに十八時十五分〜十八時三十分に変更され、それからまもなく十八時スタートとなったようです）。放送が始まってまもなく、瞬く間に日本じゅうに広まっていきました。小学生からお年寄りまで、家族みんなで楽しむことができる英語会話の時間だったのです。

当時の新聞には、「君が代を歌えない子供はいても、カムカム英語の歌を歌うことのできない子供はいない」と書かれていたほどです。番組の正式名称は「英語会話」でしたが、テーマソングの歌詞から、いつしか「カムカム英語」と呼ばれるようになりました。

明るく楽しいテーマソングのあとには、またまた明るい声が聞こえてきます。Good evening, everybody. Good evening. で始まる、よく通る明るい声。まるでアメリカ人がしゃべっているような、洗練された美しい発音の英語。英語などわからなくても、その声を聞いているだけで楽しい気分になる人がたくさんいました。

スタジオで生放送中の平川唯一

この、「カムカムおじさん」と呼ばれた声の主こそ、私の父、平川唯一《ただいち》です。

＊

昭和二十年（一九四五年）八月十五日。日本はアメリカとの戦争に敗れて敗戦国となりました。原子爆弾を投下された広島、長崎のみならず、首都、東京もたび重なる空襲によって壊滅的な被害を受けていました。家を失って路頭に迷う人たち。食料がなく、ひもじい思いを余儀なくさせられる子供たち。いったいこれからどうなっていくのだろう。焼け野原に呆然《ぼうぜん》と佇《たたず》みながら、誰もがただただ途方に暮れていました。

しかし、それでも私たちは生きていかなければなりません。立ちどまることなく、一歩でも前に進まなくてはならない。

「たしかに日本は戦争には負けた。でも、すべてを失ったわけではない。後ろをふりかえるのではなく、しっかりと前を向かなくてはいけない。なんとかして日本じゅうに明るさを取り戻したい」

唯一《ただいち》がラジオを通じて英会話講座を始めた動機は、その一点にありました。

平川唯一《ただいち》は、大正七年（一九一八年）から十九年間、アメリカで暮らしてきました。この十九年間で手に入れたものは、もちろん英語力だけではありません。アメリカの文化や価値観をも幅広く吸収していました。大きな意味でいえば、アメリカの民主主義《デモクラシー》の真髄《しんずい》を全身で吸収していたのです。

かといって、ラジオ番組のなかで堅苦しい話をするわけではありません。あくまでも日常生活を土台とした英語会話を楽しく教えています。それはこれまでの講師がやっていたものとは、まったく別のものでした。

唯一《ただいち》の英語会話のダイアローグのなかには、いつも温かな日本の家族が感じられました。そして、さりげなくアメリカ文化の匂いをも混ぜていたのです。その新鮮なラジオ放送に、多くの人たちが引きつけられていきました。それは「英語の勉強」というよりも、「英語を使った遊び」という感覚でした。

終戦の翌年から始まった「カムカム英語」。あの時代、カムカム英語が果たした役割とは何だったのでしょうか。どうしてカムカム英語はあれほどまでの影響力をもたらしたのでしょうか。

その後の日本の実業界や政治を牽引《けんいん》した数多くの人たちが、父のカムカム英語を聴いて育っています。そして、口々に父への尊敬の念を表しています。いったい平川唯一《ただいち》とは、どのような人物だったのでしょうか。

私の父でもあり、また日本人にとってのカムカム先生でもあった平川唯一《ただいち》の伝記を書こうと思います。もちろん、これは平川唯一《ただいち》という個人の人物伝ではありますが、同時に、父が生きた時代のドキュメンタリーでもあります。

いまは亡き父の姿を瞼《まぶた》に浮かべながら、ラジオから流れるあの明るい声を思い出しつつ、筆を進めていこうと思います。

episode―1

津川村で過ごした幼少時代

2003年３月、平川唯一にちなんで造られたカムカム公園

（高梁市津川町）

山間部の農家の厳しさ

　私の父、平川唯一《ただいち》は明治三十五年（一九〇二年）二月十三日、岡山県上房郡津川村（現・高梁《たかはし》市津川町）に生まれました。山に囲まれた自然豊かな場所です。現在は、岡山からJR伯備《はくび》線で約一時間、木野山という無人駅で降ります。古社・木野山神社が近くにあることで名前がついた小さな駅です。

　ホームに降り立つと、眼下には高梁川が雄大な流れを見せています。そして、まわりを見渡せば、四方を山に囲まれたのどかな風景が広がっています。

　唯一《ただいち》が生を享《う》けた家は、この木野山駅から少し山を登った場所にあり、いまもまだその一部が残っています。近年の住宅とは違って、太い柱と幅木《はばき》が使われているため、現代まで残っているのです。唯一《ただいち》は後年、「いまの建築と違って、生家は梁《はり》がしっかりしているので何百年でももつ」と話していました。

　ただ、家は立派でも、生活環境は恵まれたものではありませんでした。山に囲まれているために、いつも圧迫されるような気持ちがしていたと言います。のちにアメリカの地に行くことになるのですが、アメリカの大地の広大さと、空の大きさに

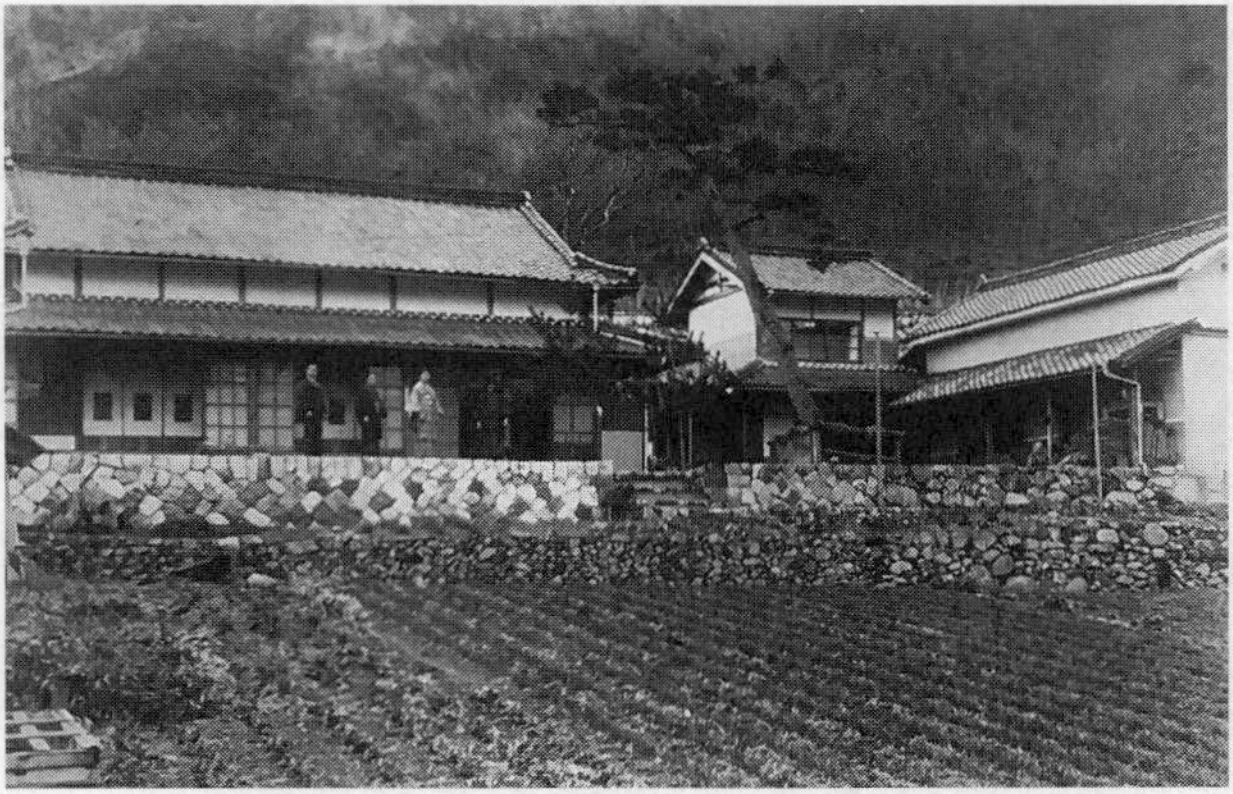

唯一が生を享けた、岡山県上房郡津川村（現・高梁市津川町）の家

圧倒されたそうです。

すぐ隣の高梁地区は、備中松山城下に広がる城下町として栄えていました。商いにおいても文化においても、岡山を代表する土地柄で、経済的にも古くから栄えていた町です。

一方、唯一《ただいち》が生まれた津川地区は、ほとんどの家が農業や林業で生計を立てていましたが、山間部ばかりで広い農地を確保することはできません。農家は、あっちに何畝《ぽ》、こっちに何畝というように一カ所にまとまっているわけではない農地を耕しながら暮らしていたのです。その労力は大変なものでした。

唯一《ただいち》もまた、自然と幼いころから家の

手伝いをするようになっていきました。唯一《ただいち》には四歳上の兄、隆一《たかいち》がいます。隆一の後ろ姿を見ながら、足手まといにならないよう農作業に励んでいました。

この地方には、かつて「七つ泣き飼い」という言葉があったそうです。農地を耕すために牛は欠かせないものであり、どの家でも必ず牛が飼われていました。この牛の世話をするのが子供たちの役割で、六歳から七歳になるとまかされます。まだ年端《としは》のいかない子供にとって、草を食べさせるため、牛をひいて山へ行くのは大変な苦労でした。

牛は飼い主に対しては従順で、農作業をする大人たちの言うことはよくききます。ところが、相手が子供となると、たちまち言うことをきかなくなるのです。草を食べ終えた牛を家に連れて帰ろうとしても、なかなかその場を動いてくれません。無理に手綱を引っ張ったりすれば、角《つの》を振りながら威嚇《いかく》してくることもあります。

それは子供にとって、恐怖以外の何ものでもありませんでした。毎日、泣きながら牛の世話をすることを、「七つ泣き飼い」と言っていたのです。

私は父に、幼かったころの話を聞いたことがあります。

「小さいころから農作業を手伝わされて、嫌だとは思わなかったの？」

そう尋ねると、父は涼しい顔でこう言いました。

「つらいとか、苦しいとか、そんなことは思わなかったよ。これが当たり前、ほかの子供たちもみんな同じように働いていたんだ。当たり前のことを当たり前にする。ただそれだけのことだよ」

自分に与えられた運命や宿命にあらがうことなく、それを素直に受け入れて生きていく。目の前のことを一生懸命にやっていくことで、きっと人生はいいものに変わっていく。つらいと口にしてもしかたがない。文句ばかり言っていても、前には進まない。父はきっとそう言いたかったのだと思います。

父はのちにこの時代をふりかえって、次のように記しています。

「朝まだき、背戸《せど》（注＝裏口のこと）に下り立って、冷たい清水で顔を洗い、小さな手に大きな牛を引いて裏山へ登り、草を食べさせるのですが、怖さ半分、好奇心半分でした。牛が満腹になるのを見計らって、再び来た山道を下ります。その時分には、同じ牛飼いの友達も三々五々集まり、やがて一同、山の中でひと休み。そこを誰言うとなく草の学校と銘打って、めいめい小学読本など広げて勉強、先生は年長組、あたりは牛の群れ、仰ぐ空は紺青《こんじょう》、朝の光を浴びながらの学習の楽しさ」（「ふれ

あい岡山」岡山県庁振興総務課発行。昭和六十一年）
　隆一、唯一《ただいち》が牛を連れていくのは山だけではありません。隆一の次男、友正が父から聞いた話では、水を飲ませるために高梁川に毎日、牛を連れていったそうです（牛追い）。川へ行くと、二人で岸のクルミの木を石で割りそれを口にしたり、崖っぷちから川に飛び込んだりして遊んだようです（いまでは危険なので禁止されています）。また、水のなかに潜ることもありました。竹を小さく切ったものの先をとがらせ、ゴムでくくって鉄砲のようにして魚をとったり、籠を石で押さえて川のなかに潜らせ、ウナギを捕獲したりすることもあったようです。
　少年時代に大きな牛を二人で川まで連れていった話は、私も父からたびたび聞いていました。牛追いをしながら川遊びをするのが、当時の唯一《ただいち》にとって最高の息抜きではなかったかと思います。
　父は、この「七つ泣き飼い」といわれるつらい作業の合間にも、自然のなかでほかの子供たちとともに学ぶ楽しささえ見出《みいだ》していたのです。ほんとうの意味でのプラス思考とはそういうものかもしれません。父は幼いころの経験を通して、人生との向き合い方を習得していったのでしょう。

父親のいない家庭

父、定二郎《さだじろう》、母、民《たみ》、そして兄の隆一と唯一《ただいち》。そこには家族四人での暮らしがありました。定二郎はおとなしく、まじめな性格の働き者で、そんな性格を見込まれて、平川家の婿養子になったのです。定二郎は一生懸命に農業に励みました。しかし、働けど働けどなかなか暮らしは楽になりません。

なんとかもっと収入を得る方法はないだろうか。平川家は高台にあったため、眼下を流れる高梁川を農作物を満載した高瀬舟が行き交うのを毎日、目にしていました。行き先は大阪などの都市部です。そうした環境にヒントを得たのか、定二郎は米穀の取引に活路を見出そうとしました。

つまり、定二郎は米相場で収入を増やすことを考えたのです。しかし、素人が相場に手を出しても、そう簡単にうまいくはずがありません。大やけどを負うこともままありました。まして、当時の米相場は乱高下《らんこうげ》が激しく、プロでも痛手を負うような時代でした。定二郎のもくろみは大きく外れ、かなりの借金を抱えることになったのです。

父、定二郎と３歳の唯一（左）、隆一（右）

その金額は、日々の農業で返済できる額ではありませんでした。なんとかして借金を返さなくてはいけない。そこで定二郎は、アメリカへ出稼ぎに行くことを決めました。

当時の日本では、アメリカへ出稼ぎに行くのはめずらしいことではなかったのです。日本人にとっては現金収入を得る格好のチャンスです。アメリカでは黄禍論《こうかろん》（黄色人種の台頭が白人社会に脅威を与えるという主張）が加熱しはじめていましたが、それでも受け入れるアメリカにとって、まじめな働きぶりの日本人は歓迎されていたようです。岡山や広島は、熊本、和歌山、山口と並んでアメリカに渡る人が多かったのです。

そんな環境でしたから、定二郎にとって、アメリカへ出稼ぎに行くのは大して抵抗がなかったのかもしれません。しかし、残された家族、とくに二人の子供にとっては、それは大きな出来事だったでしょう。兄の隆一は六歳のときでしたから、まだ父親の記憶はかすかに残っていたと思います。しかし、唯一《ただいち》はそのときわずか二歳。父親の記憶がないままに離れ離れになっていたのです。定二郎は一度日本に帰ってきたものの、ふたたび渡米し、何年経っても帰ってきませんでした。

母、民のと唯一（右）、隆一（左）

父親がいて、母親がいる。そんな当たり前の家族の風景を唯一《ただいち》は知りません。おそらく寂しいという感情さえも知りえなかったと思います。唯一《ただいち》にとって、父親がいないのは自然なことでした。しかし、その反動として、父親の影を追う気持ちは強くなっていったのです。

母、民《たみ》のは、とても厳しい人だったといいます。子供だからといって、決して甘やかしてはくれません。与えられた仕事で少しでも手を抜けば、それこそ平手打ちが飛んできて、容赦のない叱責《しっせき》を浴びるのが日常でした。

唯一《ただいち》兄弟にとって、母親は絶対的な存在でした。母親といえば、包み込むようなやさしさを想像するでしょう。ほかの家を見れば、そこにはやさしい母親の姿がありまます。しかし、平川家にはそんな母親の姿はありません。兄弟は、まだまだ母親に甘えたい年ごろでしたが、民《たみ》のはそれを許してはくれませんでした。

民《たみ》のが厳しかったのは、おそらく事実でしょう。激しい気性であったことも否めないと思います。でも、時を経て思うのは、民《たみ》のもまた好き好んで子供たちに厳しくあたっていたわけではないだろうということです。

裕福とはいえない農家のうえ、夫は米相場に手を出して借金をつくり、近所から白い眼で見られていることも知っていました。そんな状況のなかで、女手一つで二人の子供を育てなくてはならない。その責任は大きなものだったと思います。

本心は、息子たちに対してやさしい母親でありたかったでしょう。しかし、そんな甘いことを言える環境ではありませんでした。民《たみ》が子供たちに厳しくあたったのは、生きていくために必要だったからです。

何の取り柄もない平凡な子供だった

母親と兄弟だけという環境のなかで、大正三年（一九一四年）、唯一《ただいち》は尋常高等小学校の高等科に進みます。唯一《ただいち》が暮らす津川村からも、毎年、数名は高梁の旧制中学校に進学していました。都市部の中学校に進学するのは、成績が優秀でかつ経済的に恵まれた子供たちです。そんな同級生を見て、唯一《ただいち》はとてもうらやましく思っていました。

自分も高梁の中学校に行って勉強をしたい。だが、自分の成績ではとても無理だということを知っていました。

「本人の私が飛び抜けた秀才だったら、無理をしてでも中学にやってもらえたと思うんですが」

と唯一《ただいち》はのちに回想しています。

「人生とは思いどおりにはならないもの」

唯一《ただいち》は子供ながらに、思いどおりにはいかない道のりを悟っていたのです。しかし、思いどおりにいかない人生だとしても、努力を続けていればきっと道は開けてくる。あきらめたら、すべてが終わってしまう。一歩一歩踏みしめながら歩くことこそが大切なのだ――。

いつしか唯一《ただいち》の心には、そんな人生哲学が芽生えていたようです。そして、この地道な努力を惜しまないという信念、姿勢こそが、唯一《ただいち》の人生を大きく変えていく原動力にもなるのです。

自身の子供時代をふりかえって、唯一《ただいち》はこのように語っています。

「ただおとなしいだけが取り柄の、何のひらめきもない平凡な子供でした。学校の成績表はいつも乙ばかり。甲、乙、丙の乙です。いちばん下の丙をもらっても平気なほどの図太さもないかわりに、甲をとるほどの頭もありません。ほんとうに目立たない、普通すぎるほど普通の子供でした」

実際、乙の字がアヒルと似ているため、母親から、「唯一《ただいち》の通信簿はアヒルが行列しているようでにぎやかなことだ」と言われていたそうです。ちなみに、唯一《ただいち》が尋常高等小学校のときの成績表を見ると、高等科一年生のときの成績表は甲と乙が半分ずつでした。しかし、二年生になると、「日本歴史」という科目だけが乙で、そのほかの科目はすべて甲という評価がつけられています。

この成績表は、まさに唯一《ただいち》という人間をよく表していると思います。唯一《ただいち》は決して器用な人間ではありませんでした。むしろ不器用といってもいいでしょう。頭の回転が図抜けて速いわけではありませんし、新しいことを器用に消化できるタイプでもありません。何をするにも人より時間がかかるような人間でした。

しかし、その不器用さこそが、唯一《ただいち》の人生を輝かせる武器となっていたのです。自分は不器用であることは百も承知です。器用な人間と同じようにやっていてもとても追いつかないことは、自分自身がいちばんよく知っています。では、どうすれば器用で優秀な人間と肩を並べることができるのか。

その答えはただ一つ、誰よりも努力することです。器用で優秀な人間が一週間かけてできることならば、自分は二週間かけてやればいい。三日でやってしまう人間

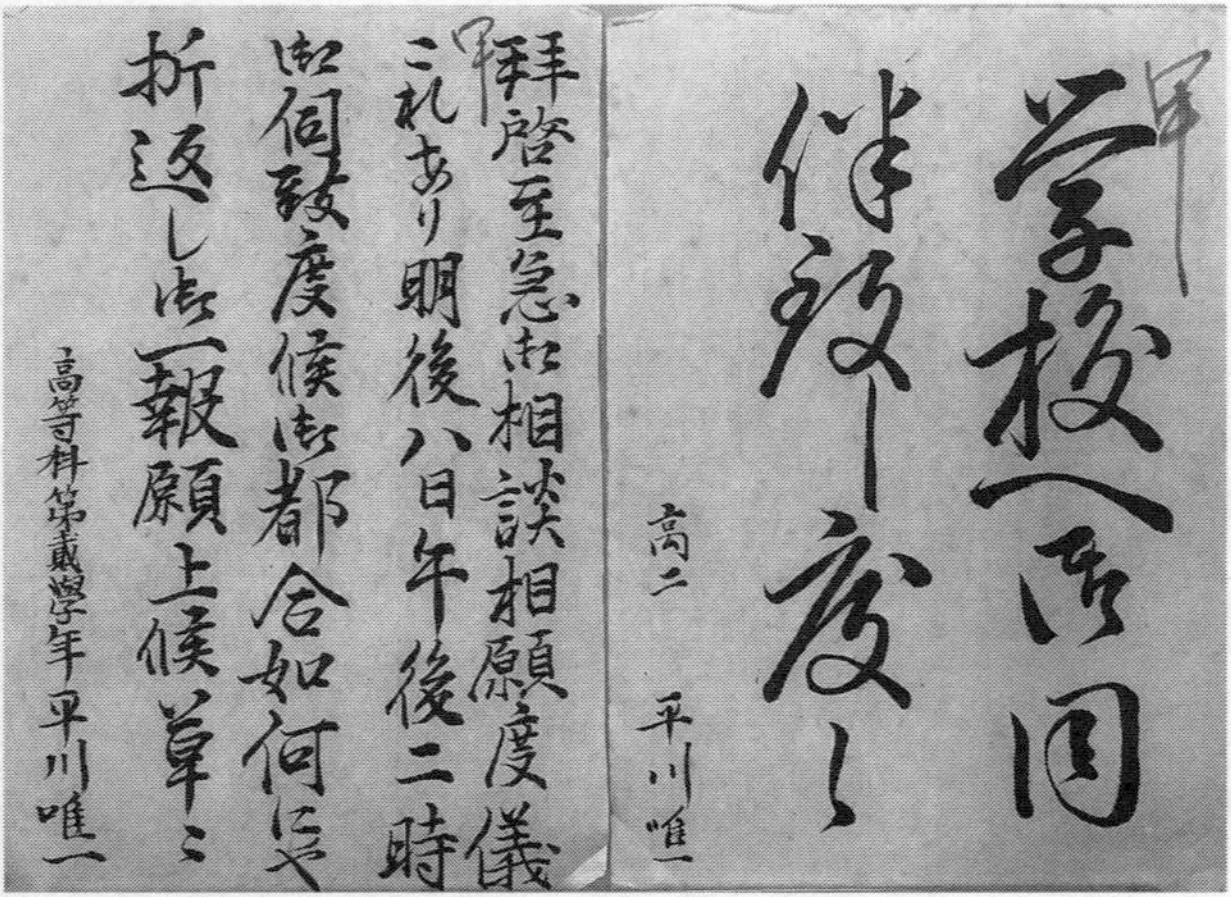

学校へ御同伴致し度く

高二　平川唯一

拝啓至急御相談相願度儀これあり明後八日午後二時御伺致度候御都合如何にや折返し御一報願上候草々

高等科第貳學年平川唯一

唯一が高等科２年のときの書

もいるでしょうが、そんなことは気にせず、自分は何倍も努力をする。三日間で覚えたことは一カ月で忘れてしまうかもしれないけれども、一カ月かけてじっくりと覚えたことは、その後、何年も覚えていられる。結果として、不器用な人間のほうが蓄積されるものが多い。唯一《ただいち》はそんなふうに考えていたのです。

唯一《ただいち》が高等科二年のときに書いた書が残されています。「書方」の授業で書かれたものですが、それを見ると驚かされます。とても十四歳の子供が書いた文字には見えません。そのすばらしく整ったていねいな書は、まさに唯一《ただいち》の性格を彷彿とさせます。

達筆であるかどうかは専門家ではないので評価できませんが、ほんとうにていねいに書かれていることだけは、誰の目にも明らかです。おそらく幾度も練習を重ね、そして精魂を込めて書いたのでしょう。時間はかかっても、地道に努力すれば必ず到達できる。そのことを証明してくれるような美しい書です。

休むことのない農作業

大正五年(一九一六年)、尋常高等小学校を卒業した唯一《ただいち》は、そのまま家業を継ぎます。ほかに選択肢はありませんでした。もちろん、これまでも農作業は手伝っていましたが、それでも学校に行っている束《つか》の間は休むこともできました。

しかし、学校を卒業してからは、家の仕事が唯一《ただいち》のすべてとなったのです。家の田畑は小さな単位で点在しています。手間と時間と労力がかかるわりには収入は少ない。それでも歯を食いしばって一家総出で働きました。

朝は、まだ日が昇らないうちから農作業が始まります。真夏でも、真冬でも、それは変わりません。津川村の地形は盆地です。その地形のせいで、夏の気温は相当に高く、地元の方の話によれば、かつては日本全国での最高気温を記録したこともあるそうです。

そして、真冬には盆地特有の寒さに襲われます。厳しい自然環境が輪をかけた労働の過酷さは、経験した人間にしかわかりません。

日が暮れるまでの毎日の農作業に加え、家に帰れば少しでも現金収入を得るために、夜遅くまで草鞋《わらじ》をつくったり、石臼をひいて粉をつくったりしなければなりません。毎晩十時、十一時などと、かなり遅い時間まで夜なべをし、そして夜明け前には起床する。そんな生活が一年じゅう続くのです。

「一年で休みが許されるのは盆と正月、祭りの日だけです。農家には日曜も祝日もありません」

唯一《ただいち》は、当時のことをそうふりかえっています。

そんな過酷な日々から、唯一《ただいち》は決して逃げようとはしませんでした。いや、逃げる場所などなかったのでしょう。

自分たちが食べていくためにも、父親がいない家を守るためにも、そしてなによりも母親を助けるためにも、仕事に励まなくてはいけない。まだ十四歳という年齢でしたが、小さな責任感が生まれていました。そして、厳しい母親とはいえ、やはり母親への愛情は強かったのだと思います。

くる日もくる日も農作業に追われ、まだ青年とも呼べない唯一《ただいち》にとって、それはつらい日々だったと想像します。

「まわりのみんなも同じだから」

そんな言葉で自身を納得させていたのかもしれません。それは決して、あきらめの気持ちからではなく、いかなる運命をも受け入れようとする唯一《ただいち》の芯の強さであったといまでは思います。

当時の苦労をふりかえって、唯一《ただいち》はこんなことを言っています。

「のちにアメリカで暮らすことになりますが、アメリカでの暮らしも決して楽ではありませんでした。夏休みに稼いだお金もなくなり、ジャムを塗ったパンと牛乳だけの暮らしが二カ月間も続いたこともありました。しかし、日本にいたときにくらべれば、それは天国みたいなものです。ジャムはおいしいですし、栄養価も高い。津川村での食事にくらべればそれは上等なものでした。また、どんなにつらい労働に従事させられても、日本での農作業にくらべれば楽なものです。週に一日は休みがもらえるのですから、それはもう天国みたいなものです」

津川村での厳しい生活があったからこそ、唯一《ただいち》の人生の歩みはしっかりとしたものになっていったのです。

父、定二郎への手紙

母親を楽にしてやりたい――。

唯一《ただいち》の心にはそんな気持ちがどんどん募っていきます。兄弟で力を合わせて農作業をすることは、もちろん母親を助けることになりますが、しょせんは子供の力です。大人の男と同じような労働をすることはできません。やはり、この家には父親の存在が必要なのです。

それは、ただたんに労働力だけの問題ではありません。母親にとっても、夫とともに暮らすことは幸せにつながります。唯一《ただいち》は、アメリカにいる父親に向けて手紙を書くことにしました。所在だけはわかっていたからです。

「お父さんがいないので、家族は寂しい思いをしています。この手紙を読んだら、一日も早く日本に帰ってきてください。どうしても帰らないというのなら、こちらからお父さんを迎えにいきます」

そんな手紙を出したのです。唯一《ただいち》が物心がつくころには、すでに父親はアメリカに行っていました。父親の存在を感じることなく育った唯一《ただいち》ですが、その姿を追い求める気持ちはあったのだと思います。

「お父さんに会いたい。お父さんと一緒に家族みんなで暮らしたい」

子供であれば誰もが願うことでしょう。しかし、そんな気持ち以上に、唯一《ただいち》には母親に対する思いが強かったのです。父親が帰ってくるのは、もちろん自分たち兄弟の願いでもありますが、いちばんそれを望んでいるのは母親にちがいない。母親に対するやさしさがあったからこそ、唯一《ただいち》は父親にあてて手紙を書いたのです。

手紙を送って数週間がたったころ、父親から返事がきました。そして、そこにはこう書かれていました。

「お前たち兄弟がアメリカに来たいのであれば、旅費くらいは送ってあげるから来なさい」

この返事に、唯一《ただいち》も驚きました。自分がアメリカに行くことなど想像もしていなかったからです。「迎えにいきます」とは書いたものの、それが現実になるとは夢にも思っていませんでした。このとき、父親は二人分の旅費を出せたのですから、アメリカでの収入は悪くはなかったのでしょう。

話には聞いていたものの、そこがどんな国なのか、まったく想像できませんでした。まして英語など習ったこともなく、アメリカ人が話す言葉はまったくわかりません。そんな国に自分が行くことができるのだろうか。

唯一《ただいち》は、夜な夜な考えました。アメリカには行ってみたい。しかし、見知らぬ国で自分は受け入れられるだろうか。

兄の隆一とともにどうするべきかを考え、二人が出した答えは、

「アメリカに父を迎えにいこう」

というものでした。

大正七年（一九一八年）九月に発行された、唯一《ただいち》の日本帝國海外旅券が残っています。それを見ると、渡航の目的の欄には「父ノ呼寄ニ依《ヨ》リ」と記されています。つまり、「父親からの呼び寄せのため」という目的がはっきりと記されているのです。そして、姓名の上には、「移民」という押印があります。

当時、隆一は二十歳。唯一《ただいち》は十六歳です。その年齢でアメリカに行くのも、「移民」

日本帝國海外旅券
姓名　平川唯一
族籍
職業
年齢
身長
特徴
日本帝國ノ外務大臣ハ
場合ニハ保護扶助ヲ與ヘラレンコトヲ文武官憲ニ請求ス
大正七年九月
日本帝國外務大臣
平川唯一

唯一に発給された日本帝國海外旅券

という立場であればごく自然であったということなのでしょう。当時は、二十歳になる前からアメリカに出稼ぎに行く若者もいました。彼らは「移民」という立場で海を渡っていったのです。

もちろん、このとき、唯一《ただいち》は父親を連れて津川にもどってくるつもりでいました。母親のために、父親を迎えにいくことが渡航の目的なのです。兄弟二人で、「きっとお父さんを連れて帰ってくるよ」とさびしがる母親に言い含めたのだと思います。

しかし、結果として、この渡航が唯一《ただいち》の運命を一八〇度変えることになりました。十六歳で津川村を離れ、その後、幾度か津川を訪れますが、唯一《ただいち》は二度とこの故郷で暮らすことはありませんでした。このときが唯一《ただいち》にとって、津川村との別れの時であったことを、まだ知らぬままに旅立つことになったのです。

会えなかった弟

じつは、私は、唯一《ただいち》の母親、つまり私の祖母、民《たみ》のに会ったことがありません。どうして私は祖母に会うことができなかったのか。その理由は民《たみ》のにありました。民《たみ》のは厳しい性格であったと書きましたが、その厳しさは相当なものだったようです。子供たちに仕事を手伝わせるのは当たり前ですが、学校から帰ってくるとすぐに仕事にとりかからせ、深夜まで労働を強《し》いていました。生活が苦しいとはいえ、ほかの家とくらべても厳しかったのです。

さらには、兄の隆一が先にアメリカから帰国し結婚しますが、民《たみ》のはその嫁にも肥溜めを運ばせるなど重労働をさせたようです。そんな重労働がたたってか、隆一の妻は四十五歳という若さで亡くなりました。また、民《たみ》のは隆一の娘を、干してある柿を勝手に食べたといって柱にくりつけたといいます（実際に食べたのは、弟の友正だったようです）。

もちろん、そんな民《たみ》ののせいだけではないでしょうが、こうした話を聞いていただけに、私の母は自分の家族を民《たみ》から遠ざけようとしたのです。

私の母、よねは東京・神田錦町の出身で、かなりの知識人でした。そんな母と田舎の祖母があうはずもありません。まして、東京と岡山とは遠く離れています。いまでこそ新幹線と在来線を乗り継いで数時間で行けますが、当時は行き来するだけでも大変なことでした。実際の距離も、心の距離も、大きく離れていました。

私の母は、唯一《ただいち》や私たち子供が岡山に行くことも嫌がりました。父も母に遠慮をして、津川村に帰ることを極力控えていたのです。

父にしてみれば、たとえ母親としては厳しくあったとしても、やはり民《たみ》は大切な存在だったでしょう。十六歳のときにアメリカに渡って以来、ほとんど会うこともなく、そのことについて多くを語ることはありませんでした。でも、故郷への思いはずっともちつづけていたと思います。

家族については、もう一つ、唯一《ただいち》の心の中で消えない悲しみがあります。唯一《ただいち》は隆一との二人兄弟として育ちましたが、じつは大正十五年（一九二六年）に弟が生まれているのです。

このとき唯一《ただいち》は二十四歳で、アメリカで暮らしていました。弟が生まれたという知らせに喜び、津川に帰ったら、この手で抱いてやりたいと思っていたでしょう。ところが、その二年後に、弟は事故で亡くなります。一度もその顔を見ることなく、幼い弟は旅立ってしまいました。

あれは、私が大学生くらいのときだったでしょうか。父が私に向かって、小さな声でぽつりと言ったことがありました。

「じつは、私には弟がいたんだよ。顔を見ることがないまま、弟は亡くなってしまったんだ」

父の人生を考えたとき、そこには家族の温もりが薄かったように感じます。家族仲よく団欒《だんらん》する光景を眼に浮かべることができません。もちろん、それは時代のせいでもあったでしょう。幼いころから労働に明け暮れていたのは唯一《ただいち》だけではありません。

しかし、いかに日々の労働が苦しくても、そこに支え合う家族がいてくれれば、みんなで乗り越えることができます。そんな家族の縁が薄かった唯一《ただいち》は、いつも一人で戦っていたのかもしれません。そして、一人で戦う苦しさと寂しさを知っていたからこそ、家族の温かさをなによりも大切にしていたのです。

episode—2 アメリカでの十九年間

ワシントン州立大学の卒業式当日。唯一は演劇科を首席で卒業（当時29歳）

母国からの旅立ち

いまだ見たこともない遠い国アメリカ。いったいそこには何が待ち受けているのか。日本では考えられないような豊かな暮らしが、彼《か》の国にはあるのだろうか――。

期待と不安が入り混じりながら、唯一《ただいち》は、兄の隆一とともに神戸の港から鋼製汽船さいべりや丸に乗り込みました。わずか十六歳の唯一《ただいち》にとっては大冒険でした。

このときの状況を考えれば、やはりその旅は唯一《ただいち》ひとりでは実現できなかったでしょう。兄が一緒にいてくれたからこそ渡航がかなったのだと思います。さすがの民《たみ》のにしても、唯一《ただいち》ひとりではアメリカに行かせることはなかったでしょう。

大正七年（一九一八年）九月七日。二人は神戸港を発ちました。

「ああ、しばし相見られぬ祖国の姿」

唯一《ただいち》は遠ざかっていく神戸の街をそのような心境で眺めました。

大荒れの太平洋を乗りきる船旅は、決して楽なものではなかったと思います。九月七日に神戸を出航したさいべりや丸は、十月一日、ほぼ一カ月かけてサンフランシスコ港に着きました。

港では定二郎が出迎えてくれました。唯一《ただいち》はこのときのことをくわしく語ってはいませんが、おそらく言葉では表せない感情が渦巻いていたにちがいありません。

家族を残してアメリカに一人渡った父。しかし、それは、父親のわがままや身勝手な行動だったわけではありません。借金を返済するため、そして津川に残してきた家族を守るためでした。実際にアメリカの父親からは、毎月相当な仕送りがなされていたようです。

しかし、隆一・唯一《ただいち》兄弟はすぐには上陸できませんでした。唯一《ただいち》がそのころをふりかえります。

「当時は、サンフランシスコ湾のエンジェル島にあった、それこそ刑務所のような移民検査所で入国審査が行われていました。審査の結果が出るまで、そこに拘留されたんです。名前を呼ばれるというので、いつヒラカワタダイチと呼ばれるのだろうと待っていたら、まったく何を言っているかわからないのです。急に、君のことだよ、と言われてね」（NHKラジオ「人生読本カムカム半世紀」）

「タドゥイチ・ハラカウェイ」と呼ばれてどぎまぎしたそうですが、唯一《ただいち》と隆一は無事審査を終えて、父親と合流します。ひとまずはロサンゼルスに落ち着きました。

アメリカでの父親と唯一兄弟（1920年）

その当時の父親の仕事の関係であったと思われます。しかし、ロサンゼルスは都会ですが、環境的にはあまりよくありません。

　唯一《ただいち》は幼いころから喘息《ぜんそく》をもっていました。津川のように空気がきれいな場所ではよかったのですが、少しでも空気が汚れた場所に行くと、たちまち発作に襲われます。それを心配した父親は、ロサンゼルスに落ち着くことをせず、ずっと北に位置するオレゴン州のポートランドに移ります。

　ポートランドは自然環境もよくて、また日本の気候によく似ていました。ここでなら唯一《ただいち》も安心して暮らすことができました。唯一《ただいち》にとっては、そんな父親の思いやりがうれしかったことでしょう。

そうしてポートランドに落ち着いた三人ですが、次は生きていくための仕事を探さなくてはなりません。不思議なのは、三人が当たり前のようにポートランドで生活していく算段をしたことです。三人は、アメリカで暮らすことがさも当然だと思っていたようです。

唯一《ただいち》にしてみれば、せっかくやってきたアメリカをもっと見てみたいと思っていました。ただ、定二郎には、別の考えがあったのです。十数年間、アメリカという国を見てきた定二郎は、アメリカの文化や価値観を吸収していました。そして、アメリカという国のすばらしさを知るようになったのです。

もちろん、日本という国はすばらしい。しかし、ここアメリカには、日本にはないものがたくさんある。そのすばらしさを、二人の息子にも十分に経験させてやりたい。アメリカの教育を受け、アメリカでビジネスを学ばせてやりたい。そんなもくろみが父親にはありました。

二十歳になる兄、隆一には、父親はおそらく自分の思いを伝えていたのでしょう。隆一はアメリカで自動車修理の技術を習得し、後年、帰国すると岡山で自動車修理工場を経営するまでになっています。当時としては非常にめずらしいビジネスを岡山で展開していたのです。

「アメリカで技術を学んで、それを日本に帰ってからのビジネスに活かしなさい」

父親は兄にそう言っていたのだと思います。

しかし、まだ十六歳の唯一《ただいち》に対しては、そこまで具体的な言い方はしなかったのでしょう。唯一《ただいち》は見るものすべてが物めずらしく、ただ刺激に満ちたアメリカ生活を楽しもうとしていました。

さて、ポートランドに落ち着いた三人は、鉄道の保線要員の仕事を見つけます。アメリカで働く日本人はたくさんいました。仕事もさまざまなものがありましたが、そのほとんどはいわゆる肉体労働です。

なかでも鉄道工事の仕事の募集は多く、賃金もほかの仕事にくらべて高かったのです。賃金が高いということは、すなわち重労働であるということです。保線要員の仕事は、森林を伐採し開拓された土地に線路を敷いていくというものです。

工夫たちは有蓋《ゆうがい》貨車に乗せられます。言ってみれば、貨物車両のようなものです。貨車のなかには台所や三段ベッドなどが置かれていて、そのなかで生活できるようになっています。台所といっても名ばかりの質素なものですし、ベッドは板を敷いただけの固い寝床でした。

日中に線路を敷く仕事をして貨車に帰ると、夜中に機関車がやってきて、工夫を乗せた貨車を翌日の現場まで牽引《けんいん》していきます。そして、朝になれば貨車から降りて線路設置の仕事をする。それは大変過酷な労働でした。多くの大人たちが音《ね》を上げるなか、唯一《ただいち》は黙々と重労働をこなしていきました。

「津川での日々にくらべたら、この保線要員のほうが何倍も楽だ。夕方になれば仕事が終わるのだから」

唯一《ただいち》は心の中でそうつぶやいていました。十六歳の少年が、過酷な保線要員の仕事を楽だと感じる。そのことだけでも、津川での農作業がいかに重労働であったかが想像できます。唯一《ただいち》にとって、夜にゆっくり睡眠がとれるというだけで幸せなことだったのです。

●グリービンの意味●

アメリカに渡るとき、唯一《ただいち》は英語の辞書をもっていました。アメリカへ行くんだから辞書が必要だろうと思い、本屋さんで買い求めたものです。当時、辞書は高価でしたから、おそらく、定二郎が送ってくれたお金で買い求めたのでしょう。ただこのとき、和英辞書ではなく英和辞書を買ってしまったのです。英語など習ったことがない唯一《ただいち》には引き方すらわかりません。せっかくの辞書もしばらくはカバンのなかで眠っているだけでした。

ただ保線要員の仕事をしているかぎり、英語はまったく必要ありませんでした。ともに働いているのは日本人ばかりですから、日本にいるのと同じことです。現場監督はアメリカ人ですが、毎日の指示は通訳の人が日本語で伝えてくれます。英語を学ぼうと思っていた唯一《ただいち》にとっては、なんとなく物足りない環境でした。

そんな日本人工夫のなかに、ただ一人、流暢な英語を話す人物がいました。工夫頭の八谷甚四郎《やたがいじんしろう》氏です。彼の経歴ははっきりとはわかりませんが、ともかく日本人とは思えないほど流暢な英語を話していました。現場監督の指示も、この八谷氏が日本語に訳してみんなに伝えていたのです。

唯一《ただいち》は彼に頼み、英語を教えてもらうことにしました。といっても、面倒な文法などを学ぶわけではありません。唯一《ただいち》はとにかく彼が話す英語を口真似し、少しずつ英単語を覚えていきました。その単語を組み合わせて、できるかぎり英語で話すように心がけたのです。

唯一《ただいち》の熱心さに応えて、八谷氏もていねいに教えてくれました。ある晩、外に出てみると、美しい月が浮かんでいました。唯一《ただいち》はさっそく覚えたての単語を並べて言いました。

「Beautiful moon night」

それを聞いた八谷氏は、こう教えてくれました。

「月夜はmoon nightじゃなくて、moonlight nightって言うんだ。感情をこめて言うとしたら、Oh, what a beautiful moonlight! となるかな」

彼の教え方は実践的で、唯一《ただいち》の頭にすーっと入ってきたものです。こうして唯一《ただいち》は、働きながら「生きた英語」を着実に覚えていったのです。

ある日の夕方、アメリカ人の現場監督が唯一《ただいち》たちが乗っている貨車にやってきました。八谷氏に用事があったのでしょう。監督は、みんなに「グリービン、グリービン」と声をかけながら近づいてきます。

「グリービン」などという英単語を唯一《ただいち》は聞いたことがありません。いったい、どういう意味なのだろうか。監督が去ってから、唯一《ただいち》はすぐに八谷氏のところに行って尋ねました。

「八谷さん。監督が言っていたグリービンってどういう意味ですか？　どう書くんですか？」

八谷氏は、にっこりとほほ笑んで答えます。

「あれは、Good evening.（こんばんは）って言ってるんだよ。グッドイブニングなんていう発音をするのは日本人だけだよ」

こうして唯一《ただいち》は、まるで赤ん坊が母親の口真似をするようにして、英語を学びはじめたのです。

古屋商店での苦い思い出

ポートランドでの保線要員生活は半年ほど続きました。唯一《ただいち》たちは工夫の仕事をやめて、次の職を求めます。やはり、保線要員の仕事は五十歳を超えた父親にはきつい仕事だったのでしょう。

ポートランドを離れて、シアトルに落ち着いた唯一《ただいち》は、古屋商店で雇ってもらえました。兄の隆一は、カンザスシティのスウィーニー自動車学校に入って自動車の修理技術を習得することになります。

唯一《ただいち》がお世話になった古屋商店を創設した古屋政次郎《まさじろう》氏は、山梨県出身で、明治二十三年（一八九〇年）、二十七歳のときにアメリカに渡り、雑貨店や食料品店を次々に開業しました。業績をどんどん伸ばし、商社や商店にとどまらず、銀行や印刷会社までも保有するコンツェルンにまで成長しています。当時のアメリカでも、その名は知られていたのです。唯一《ただいち》が入ったころは、まさに右肩上がりで成長していたのです（古屋商店は大恐慌のあおりを受けたのか、多角化経営が失敗したのか、明確な理由はわかりませんが、一九三一年に倒産しました）。

ちなみに、創業者の古屋氏は第一メソジスト教会の熱心な信者で、キリスト教の精神に基づいて社員たちを教育していたようです。「正直であれ」というのが彼の口癖でした。唯一《ただいち》はのちにクリスチャンの洗礼を受けることになりますが、はじめてキリスト教と接したのが古屋氏との出会いだったと思われます。

古屋商店に職を得て、最初に与えられた仕事は倉庫の管理業務です。ベースメントと称される地下の倉庫に一日じゅういて、各店舗への配送業務や在庫管理を行う仕事です。各店舗には日系人も多く、英語が話せなくても仕事に支障はなかったよ

古屋商店にいたころ、唯一が通っていたと思われる夜間の英会話学校。
後列左から３人目が唯一。

うです。

この倉庫の仕事が嫌というわけではありませんが、唯一《ただいち》は実際の店舗で接客の仕事をしたいと願っていました。そのためには、やはり英語を身につける必要がありましたが、教えてくれる人などいません。簡単な英語は理解できるようになっていたものの、練習する相手がいないので、いつまでも現状のレベルの英語力から上達することがなかったのです。

そこで、唯一《ただいち》は毎日、何キロも歩いて夜学に通ったり、日本語で書いている英語の手引きを読んだりしていました。夜学の行き帰りは刑務所の脇の道を通るのですが、ある日、歩いていると、どこからか話しかけてくる声がします。まわりを見渡しても、すぐ横には大きな壁があるだけで、どこにも人の気配はありません。それでも誰かがこちらに話しかけてきます。

「ヘロー、ゼア？（そこに誰かいるのかい？）」

簡単な英語でしたから、唯一《ただいち》にも理解できました。もう一度耳を澄ませてみると、どうやらその声は壁の向こうから聞こえてくるようです。

きっと囚人たちは、壁の外にいる人間と話がしたかったのでしょう。誰でもいいから囚人以外の人間と話がしたかった。おそらく、ほとんどの通行人は彼らの声を無視したと思います。でも、同じように話し相手を求めていた唯一《ただいち》は、つい返事をしてしまったのです。

唯一《ただいち》の話す英語はたどたどしかったものの、囚人との会話は十分に通じました。その日以来、唯一《ただいち》は毎日、囚人との壁越しの会話を楽しむようになっていきました。特別な話をするわけではありません。難しい話もできませんから、日々の生活のなかで見たことや聞いたことを話すだけです。それでも壁の向こうの囚人は、日本人の少年との会話を楽しみにしていたようです。

しかし、この楽しみは数日で終わることになります。刑務所の看守に見つかってしまったのです。囚人は外部の人間と接触することはできません。外部の人間もまた、囚人と接触することは許されないのです。へたをすれば逮捕されるところでした。唯一《ただいち》は看守からさんざん油を絞られましたが、それよりも英語の練習相手を失うことのほうが、唯一《ただいち》にとっては大きな出来事でした。

なかなか英語の勉強ができないままでしたが、それでもなんとか倉庫作業から解放され、店舗で販売員として仕事をするようになりました。もちろん、それは唯一《ただいち》自身が望んでいたことです。

まだまだ英語が未熟ですから、テキパキとした接客をすることはできません。若いお客や、急いでいるお客をさばくことは難しいため、ほかのスタッフが気を使い、唯一《ただいち》にはお年寄りの接客を担当するようにしてくれました。お年寄りは話し方もゆっくりですし、唯一《ただいち》の英語が多少おかしくても、我慢強く聞いてくれるだろう。まわりのスタッフはそんな配慮をしてくれたのです。

ところが、唯一《ただいち》は、それさえもできませんでした。初老の婦人の接客をしたところ、相手の言っていることがさっぱりわかりません。何度も聞き返すのですがまったく理解できなくて、婦人は怒ってしまいました。唯一《ただいち》は、ただあたふたとするばかりでした。

そんな姿を、たまたま社長の古屋氏が見ていたのです。翌日、唯一《ただいち》は古屋氏のオフィスに呼ばれ、こう告げられました。

「明日からベースメントにもどりなさい」

予想はしていましたが、唯一《ただいち》にとってはショックな言葉でした。また振りだしにもどったわけです。唯一《ただいち》はこのとき思ったのです。

「たとえまた倉庫でがんばったとしても、店舗に出れば役に立たないだろう。しっかりと英語を身につけなければ、何年たっても仕事の幅が広がることはない。アメリカで暮らしていくかぎり、きちんとした英語を身につけなければ、同じことの繰り返しになってしまう。アメリカで仕事をしていくためには、アメリカで生活をしていくためには、なによりもまず英語を身につけることだ。それなくしてアメリカでの暮らしはかなわない」

そう考えた唯一《ただいち》は、きっぱりと古屋商店をやめることにしました。

「いまは仕事よりも勉強のほうが大事だ、いまやるべきは英語を学ぶことだ」

そう腹をくくったのです。

一九一九年（大正八年）九月、唯一《ただいち》はアメリカの学校に入学します。高校でも中学でもありません。唯一《ただいち》が入学したのはシアトルにあるスワードスクールという小学校でした。

じつは、この唯一《ただいち》の小学校入学からまもなく、定二郎が日本に帰国しています。アメリカに渡って十数年間、定二郎は身を粉《こ》にして働きつづけ、そうして得たお金ですでに借金も完済していたようです。定二郎が日本にもどってから貸金業などを営み、悠々自適の生活をしていたことを考えれば、きっとアメリカでの出稼ぎ生活で相当な蓄えがあったと思われます。借金を返済し、蓄えも十分にできたうえでの帰国でした。

しかしいまになってみると、定二郎の帰国はただ経済的なことだけではなかったと思います。二人の子供をアメリカで学ばせたい。日本の片田舎に閉じ込められるのではなく、広い視野をもった人間になってほしい。定二郎はそういう願いをもっていました。そんなときに、唯一《ただいち》がアメリカの小学校で学ぶことを決めたのですから、その唯一《ただいち》の決心が定二郎にとってはうれしかったのだと思います。

「もうこれで唯一《ただいち》は大丈夫だ。アメリカという国で生きていけるだろう」

そうした気持ちに背中を押されての帰国だったのでしょう。

小学一年生になった唯一

入学した小学校には、日本人は唯一《ただいち》ひとりです。しかも六歳、七歳の子供たちに交じって、十七歳の唯一《ただいち》が机を並べるのですから、普通に見れば恥ずかしさを感じておかしくありません。

「まるでマンガの一コマを見ているようでした」

唯一《ただいち》は、そう当時をふりかえります。

でも、当の本人はたいして気にしていませんでした。相手が七歳の子供たちでも、そのなかに入って楽しんでいたのです。

運動なども、十七歳ですから、みんなよりもうまくできて当たり前です。同級生の子供たちの前で鉄棒や器械体操などをして見せると、子供たちは「すごいヤツがいる」と驚いて拍手喝采《かっさい》でした。はじめはめずらしげに眺めていた子供たちも、すぐに唯一《ただいち》を受け入れて、まるで幼なじみのように相手をしてくれました。この経験を通して唯一《ただいち》は、のちのカムカム英語で役立つ「子供がしゃべる英語」を学んでいくのです。

こうした小学校での生活をするためには、生活の保障がなくてはなりません。毎日、学校に通うわけですから、仕事をこなしている時間はありません。そんな唯一《ただいち》に手を差し伸べてくれたのが、ハモンド家の人たちでした。

「ちょうどそのころ、新聞の広告に『日本人のスクールボーイを求む』というのが出ていたので、英語はできもしないのに思い切って行ってみると、その家はシアトル市でもいちばん高級なキャピタルヒルにあるハモンドさんというお宅でした。ベルをならして中に入れてはもらったのですが、ほんの少し片言が言えるだけの私が気に入ったらしくて『あしたから来て働いてごらん』と言われたときのうれしさはいまでもはっきりと覚えています」（『カムカム英語』名著普及会）

アメリカにはスクールボーイ（日本でいう書生のようなもの）というものがあります。学校に通うために親元を離れたり、また経済的な理由で自活できなかったりする子供たちを一般家庭が受け入れるというものです。部屋を与えられ、食事も食べられ、学校にも通わせてくれます。

そのかわりに、子供は家の手伝いをしなければなりません。朝から午後の二時ごろまでは学校に行き、帰ってから家の掃除をしたり、庭の草刈りをしたり、夕飯の後片付けをしたりします。それが終わって、午後八時ごろからは自由に自分の勉強をすることができます。

ハモンド家は、一生懸命働く唯一《ただいち》の仕事ぶりをとても気に入ったと思われます。そんな手伝いをすることで、唯一《ただいち》は週に二ドル五〇セントの手当てがもらえました。ハモンド家のおかげで、唯一《ただいち》はアメリカで学ぶというチャンスを得ることができたのです。

ところで、ハモンド家に住み込むようになったとき、奥さんが、唯一《ただいち》に英語の名前をつけたほうが呼びやすいというのでいくつか考えてくれました。しかし、唯一《ただいち》はどれもあまりピンとこなかったようです。最後に言われたのが、Joe（ジョー）という名前でした。

「これを聞いたとたん、私は、一も二もなくそれに決めました。その当時、私が大好きだった新島襄《にいじまじょう》先生と同じ音の名前だったからです」

と唯一《ただいち》は語っています。

ちなみに、それ以来、唯一《ただいち》は、「Joe T. Hirakawa」というサインを好んで使っていました。

唯一が好んで使ったサイン（ブロードウェイハイスクール卒業時の写真）

さて、唯一《ただいち》は同級生の子供たちと日々を過ごしながら、英語を身につけていきました。学校では英語の文法から学ぶわけではありません。子供たちは文法を教わらなくても、自然に英語をしゃべります。会話には文法など必要なく、大事なのは口真似をすることなのです。

唯一《ただいち》は日本で英語教育を受けていないため、文法はまったくわかりません。しかし、それがいい方向に作用したのです。まわりの子供たちがしゃべっている言葉を、そのとおりに口真似し、その結果として言葉の意味を覚え、そしてなによりもネイティブな発音を手に入れていきました。

そんな一生懸命な唯一《ただいち》を見て、親身になって教えてくれる先生がいました。一年生として入学したときの担任、ケーネン先生です。先生はまだ若く、とても美人だったようです。同世代ということで親近感をもたれたのか、あるいはそれ以上の思いがあったのかは知る由もありません。

子供たちに受け入れられ、教室での会話はなんとなく通じるようになったとはいえ、やはり正しい英語を身につけなくてはなりません。小学生の子供たちに、その正しい英語を期待するのは無理です。そこで、先生は放課後、毎日一時間くらいきっきりで唯一《ただいち》に英語を教えてくれました。唯一《ただいち》も先生に喜んでもらおうと一生懸命勉強したそうです。

そんな親切な指導のおかげもあって、唯一《ただいち》は入学して半年後には二年生に進級することができました。そのあとも順調に飛び級を重ね、三年間でアメリカの小学校八年の課程を終えることができたのです。

ただし、これは唯一《ただいち》が特別に優秀であったわけではありません。同じ日本人のなかでも、半年か一年で小学校の課程を終える人もいたといいます。英語さえ使えるようになれば、ほかの科目は大人にはやさしいわけですから、多くの日本人は短期間で小学校を卒業していったのです。

そういう意味では、唯一《ただいち》が三年かかったというのは、年齢から考えて決して早いほうではなかったかもしれません。しかし、三年という歳月をかけた分、子供たちがしゃべる英語を身につけることができました。

唯一《ただいち》は、次のようにふりかえります。

「三年間、実質的な基礎をがっちり身につけたので、その後のハイスクールでも大学でも、こと英語に関して苦労することはまったくなかった」（NHKラジオ「人生読本カムカム半世紀」）

前にもお話ししたように、唯一《ただいち》は器用なタイプではありません。どちらかというとあまり要領がよくないことを自分自身でわかっているからこそ、人よりも何倍も努力をします。時間を十分にかけて努力を積み重ねた結果、忘れることのない本物の知識を身につけたのです。

アメリカの子供たちと遊びながら身につけた英語は、のちの「カムカム英語」に大いに生かされることになります。もしも唯一《ただいち》が「赤ちゃん」の段階を経ることなく、はじめから大人向けの学校に入学していたら、おそらく「カムカム英語」は誕生しなかったでしょう。

唯一《ただいち》はこのように述べています。

「まさか自分が、のちに英会話を教えるなど夢にも思っていませんでした。しかしふりかえってみれば、私は不思議な力に導かれながら、カムカム英語へと歩いていたのです」

唯一《ただいち》の小学校入学が彼の人生を決定づけたのかもしれません。一緒に遊んだ小学生の子供たち。放課後に教えてくれたケーネン先生。そしてスクールボーイとして面倒を見てくれたハモンド家の人たち。どれか一つが欠けていても、「カムカム英語」は生まれていなかったでしょう。

吹き荒れる差別の嵐

充実した小学校生活を送っていたようにも見えますが、じつはこの当時、アメリカではアジア人に対する激しい差別や偏見の嵐が吹き荒れていました。とくに、アメリカ西海岸ではその傾向が強く、一九〇六年にはサンフランシスコ教育委員会が、日本人と朝鮮人の学童を公立学校から追い出すような動きも出ていました。

そして、一九〇八年には日米紳士協定が締結され、日本からの移民を自主的に制限するようになっていたのです。さらに、一三年には、帰化外国人が土地を所有することを禁じる外国人土地法がカリフォルニア州議会で成立。二〇年にはこうした規制をかいくぐる写真花嫁に対する旅券発給が停止され、二四年の移民法の制定によって、日本からの移民は全面停止となりました。

兄弟がアメリカに渡ったころも、移民はかなり難しくなっていたので、渡航目的を「父ノ呼寄ニ依リ」としたのには意味があったのです。

当時、「ジャップ。細い眼をした黄色い犬」という侮蔑的な言葉を投げかけられた日本人もたくさんいたといいます。しかし、唯一《ただいち》は、不思議とそのような差別を感じたことはなかったそうです。その理由はよくわかりません。ただ、のちに、あるジャーナリストが唯一《ただいち》にインタビューをした際、その当時のことを聞いたことがありました。

「やはり、当時のアメリカでは日本人に対する差別はあったのでしょうね？」

その質問に対して、唯一《ただいち》ははっきりと答えています。

「それは、本人の心の持ち方しだいです」

唯一《ただいち》はのちに当時をふりかえって、こう語っています。

「アメリカは、あちこちで排日運動が激しかったんですが、どうしたことか私に対しては、同級の子供たちからも、受け持ちの先生からも特別に親切にしてもらいまして、まったくもったいないほど幸せな一年生でした。

それと同時に、こうした身近な経験を通して、アメリカ人の心の広さと申しますか、生活のなかに生きている民主主義と申しますか、そういったものを理屈なしに、肌で感じるような気がいたしました。接する人の本質しだいで、そのよいところを十分認めて仲よしになろうとするのが常識になっているんですね。それがしかも大人だけではなしに、子供もみんなそうなんですから、これがほんとうに身についた民主主義の一面ではないかと思いました」（NHK編『わたしの自叙伝(1)』日本放送協会）

とくに、多民族国家のアメリカでは、さまざまな人種の人が集まり、人びとはさまざまな価値観をもちながら暮らしています。そこに「違い」はあって当たり前です。その「違い」を拒否すれば差別が生まれますが、互いに受け入れれば、そこには新しい世界が生まれてきます。

唯一《ただいち》のまっすぐな目線と、すべての人と真摯《しんし》に向き合おうとする心が、彼のまわりから偏見や差別を取り払ってくれたのでしょう。

ブロードウェイハイスクールに進学

小学校を三年間で卒業した唯一《ただいち》は、一九二二年（大正十一年）九月、シアトルのブロードウェイハイスクールに入学が決まりました。日本で旧制中学に行くことはかないませんでしたが、アメリカの高校に入学できた喜びはとても大きなものでした。

このとき唯一《ただいち》は二十歳。もちろん、同級生のなかでは最年長でした。まわりはみんな年下です。自分はもう二十歳なのだから、見劣りすることはないだろうと思っていた唯一《ただいち》でしたが、入学してまもなくショックを受けることになります。

同級生たちは唯一《ただいち》よりも三つも四つも年下ですが、彼らのふるまいは堂々としたものだったからです。自分の考えや意見をはっきりと言って、意見が食い違えば互いに議論を重ねます。日本人のように遠慮をしたり、自分のほうから主張をとり下げたりなどしません。自分自身をしっかりと主張し、かつ相手の意見にも真摯に耳を傾けることで、互いのことをわかりあおうとするのです。

ブロードウェイハイスクールでは、唯一にとってもう一つ印象に残っていることがあります。

「毎週月曜日に全校の学生が大講堂に集って行われる行事のことなのですが、この進行をテキパキと全部学生自身がやっておりまして、その見事さは、大人でさえとうてい及びもつかないと思えるくらい立派なものでした。

それからまた『国に忠誠を尽す』といったようなことは、おそらく日本の国だけのように思っていましたが、この月曜日の朝礼では、必ず全員が起立して、国旗に向って挙手の礼をしながら、厳粛な言葉で『自分はこの国旗、ならびに国旗が象徴する、アメリカ合衆国に忠誠を尽す』という誓いを立てるのが、大事なならわしになっておりました。

つまり国の恩を忘れないようにするということは、アメリカの民主主義の中でもやはり重要なことなんだなあと、つくづく感じました。これをうっかり忘れると、何でもかんでも自分勝手なことができるのが民主主義であり自由主義であるといった、とんでもない思いちがいになるので、それを充分にいましめているのはさすがだなあと思いました」(前掲書)

こうして民主主義を目の当《ま》たりにした唯一《ただいち》は、こう考えます。

「ここでは、ただ英語を学ぶだけではだめだ。言葉や学問を学ぶと同時に、強い精神力を身につけなくてはいけない」

高校四年間で身につけるべきものという、漠然とはしているが目標が見えてきて、まもなくその目標が具体的なかたちとなって姿を現しました。

ブロードウェイハイスクールでは、毎年秋に「雄弁大会」が開催されます。それはこの高校に伝わる伝統的な行事です。一般的な弁論大会では、みずからが考えた主張をしますが、この大会は違います。自分でスピーチを考えるのではなく、昔からの有名な演説や、あるいは演劇や小説のなかから引用した文章を表現するのです。つまり、スピーチの内容ではなく、いかに豊かに表現するかが問われるのです。

スピーチの中身はみんなが知っているのですから、差をつけるには表現力を磨くしかありません。感情豊かな表現で、聴衆の心をいかにつかむかにかかっています。それはネイティブに英語を話すアメリカの学生にとっても難しい課題でした。

この伝統ある大会には、毎年一〇〇人以上の生徒が申し込みをします。厳しい予選が行われ、最終的には五人が決勝戦に進むことができるのです。決勝戦に進むだけで、学校の英雄みたいなものです。

唯一《ただいち》は心に決めました。

「この四年間で、必ずこの大会の決勝戦に出場してみせる」

無謀な挑戦のようにも思えましたが、唯一《ただいち》はそこに明確な目標を設定したのです。

数年後の目標を漠然と考えるのではなく、近いところに具体的な目標を立て、そこに向かって最大限の努力をしていこう。大きな夢を抱くのではなく、小さくてもいいから具体的な目標をつくっていくのだ。大風呂敷を広げるのではなく、いま自分にできることを精いっぱいやろう。

一歩一歩踏みしめながら、ひたすら努力を積み重ねて人生を歩むという、唯一《ただいち》らしい生き方は、このころから姿を現しはじめたのです。

雄弁大会の決勝に進出

そして、唯一《ただいち》が四年生になるとき、意を決して「雄弁大会」への申し込みをします。申し込み者の人数はゆうに一〇〇人を超えていました。ここから予選会を通過した五人の学生が決勝へと進むことができるのです。

もちろん、唯一《ただいち》に自信があったわけではありません。しかし、高校の三年間で、唯《ただ》一《いち》の英語力は確実に向上していました。日常会話はもちろんのこと、授業も十分に理解できるまでに上達していました。あとは表現力をつけるだけです。唯一《ただいち》は日々の練習に没頭します。

唯一《ただいち》が暮らす家の近所に、小高い丘がありました。ビーコン丘《ヒル》と呼ばれるその場所は、昼間はとても景色のいいところですが、日が暮れると人っ子一人いなくなります。大声を出す練習にはうってつけの場所でした。夜になると、唯一《ただいち》はビーコン丘に出かけ、予選に備えて練習しました。

このとき唯一《ただいち》が選んだ演説は、アメリカ独立運動の指導者として知られるパトリック・ヘンリーが残した「Give me Liberty or Give me Death」（我に自由を与えよ、さもなくば死を与えよ）という歴史的な大演説です。あまりに有名な演説ですから、中途半端な表現ではとても審査員たちの心には響きません。精いっぱいの感情を込め、抑揚をつけながらアピールすることが求められます。

唯一《ただいち》は、その日もビーコン丘に登り、一人練習に励んでいました。すると、どこからともなくパトカーのサイレンの音が聞こえてきます。そして、その音はどんどん唯一《ただいち》に近づいてきたのです。やがて一台のパトカーが唯一《ただいち》のそばに停車し、中から大柄な警察官が降りてきました。近づいてきた警察官は、厳しい声で唯一《ただいち》に声をかけました。

「おい！ お前！ こんな時間に、こんな場所で何をやっているんだ！」

あっけにとられた唯一《ただいち》は、身体を固くして言いました。

「べつに悪いことはしていません」

警察官は続けて言います。

「毎日、夜になると、異常者が大声で叫んでいる。不気味だから、その人間を捕まえてくれという通報が何件も入っているんだ。とにかく警察署で話を聞かせてもらおう」

唯一《ただいち》は訴えました。

「私は、ブロードウェイハイスクールの生徒です。今度、雄弁大会に出ることが決まったので、毎日ここで練習をしているんです。もしもご迷惑をかけているのなら、ほかの場所でやるようにします」

すると、警察官の表情がいきなり柔らかくなりました。

「そうだったのか。よし、わかった。近所の人たちには説明しておくから、安心して練習してくれ。がんばれよ！」

偶然にも、その警察官もブロードウェイハイスクールの卒業生だったのです。ですから、雄弁大会が学校の伝統行事であることは百も承知でした。おかげで唯一《ただいち》はその後も、安心してビーコン丘での練習を続けることができました。

ちなみに、この話は翌日の新聞の記事になったため周囲に知られることとなり、唯一《ただいち》は学校でみんなから冷やかされ、うれしいような恥ずかしいような気持ちを味わったようです。

こうした努力が実り、唯一《ただいち》は見事に第一次、第二次予選を通過し、決勝に進むうちの一人に選ばれました。もちろん、この伝統的な大会に日本人が出場したのははじめてのことです。まわりの友人たちも、みんなが唯一《ただいち》の努力に拍手を送ってくれました。

結局、優勝することはできませんでしたが、この経験が唯一《ただいち》のその後の人生に大きな勇気を与えることになります。もともと引っ込み思案で、人前で話すことなど大の苦手な唯一《ただいち》です。そんな自分でも、努力をすれば大勢の聴衆を前にして堂々と話すことができるという自信が、のちの「カムカム英語」へとつながっていくのです。

ところで、唯一《ただいち》が三年生から四年生に進学する前の夏休みのことです。夏休みは、苦学生にとってはアルバイトで収入を得るための絶好の期間であり、唯一《ただいち》も当然、アルバイトをしていました。

アルバイト先はアラスカの缶詰工場です。山と積まれた鮭をさばいて、缶詰にするのですが、この労働は大変なもので、漁期に入ると毎日、早朝から夜の十二時近くまで工場のなかで作業をします。

仕事が過酷な分、二カ月半の契約で二五〇ドルの賃金がもらえます。これはほかのアルバイトにくらべれば破格の金額でした。

深夜に仕事から解放されて外に出ると、ひんやりとした空気が身を包みます。真夏とはいえ、アラスカの夜はとても過ごしやすいものでした。仕事終わりの小一時間、唯一《ただいち》は海辺に出かけて雄弁大会の練習に励みました。一日の労働で体はへとへとです。それでも唯一《ただいち》は、努力を惜しまなかったのです。

つらいなどとは感じません。つらいどころか、こうして英語を学べる機会が自分には与えられているのだから、こんな幸せなことはないと思っていました。

どんな環境に身を置いても、つねにそれをプラスにとらえ、苦しさに目を向けるのではなく、その裏側にある楽しさに目を向けて生きる——そういう生き方が、唯《ただ》一《いち》にはいつしか身についていたのです。

●ワシントン州立大学演劇科●

一九二六年（大正十五年）六月、ブロードウェイハイスクールを四年で卒業した唯《ただ》一《いち》は、同年九月にワシントン州立大学に進学します。

じつは唯一《ただいち》が決勝にまで残った雄弁大会で、ただ一人、唯一《ただいち》に一位をつけた審査員がいました。ワシントン州立大学演劇科の教授を務め、演出家としても有名なジェームス夫人です。このジェームス教授の影響もあり、ワシントン州立大学への進学を決めたようです。

ただ、入学当時に唯一《ただいち》が専攻したのは、演劇学ではなく物理学でした。どうして物理学だったのか。唯一《ただいち》はその理由を明かしています。

「どうも自分は生まれつき座談的なおしゃべりが下手で、ただだまーって、一人で仕事をするのが好きなものですから、できればあの、トーマス・エジソンのような、

発明家になりたいと考えまして、大学の一年生の時はずっと『物理学』の専攻で通したわけです」（前掲書）

ハイスクール時代に雄弁大会の決勝に出たとはいえ、生まれもった性格は簡単には変わりません。引っ込み思案という性格は、生涯変わることはないでしょう。そういう意味で、物理学という選択はまちがっていなかったのかもしれません。

一学期の成績を見ると、そこにはAが並んでいます。努力家の唯一《ただいち》ですから、物理学も一生懸命に学んだはずです。でも、その成績は長くは続きませんでした。やはりどこかで物理学があっていなかったのか、それとも、心からその学問に没頭することができなかったのか。二学期、三学期と成績はどんどん下がり、一年生の終わりごろには最低のCという評価にまで落ちてしまったのです。

「これにはさすがに弱りました。とにかく、発明家を目指す自分としては、いちばん得意な科目であるはずの物理学に、こんな点をとるようではお先真っ暗で、どうにもならない」（前掲書）

こうして唯一《ただいち》は、二年生からは物理学とはまったく畑違いの演劇科に移ったのです。でも、演劇科には、ブロードウェイハイスクールの雄弁大会で唯一《ただいち》に一位をくれたジェームス夫人がいました。唯一《ただいち》はジェームス夫人の「愛弟子《まなでし》」として、大学四年間はいうにおよばず、アメリカにいるあいだはつねに親身な指導を受けたといいます。

唯一《ただいち》はのちに、こう回想しています。

「だんまり屋でもできる発明家になりたいと思っていたわたしの計画は、見事失敗に終わって、またしても『カムカム放送』の実現を目指す方向に向かって、イヤオトなしに軌道修正がなされたみたいなんですね」(前掲書)

たとえば、演劇科には発音学という授業があります。演劇人として絶対に欠かせない「標準英語」をトレーニングするのです。少しでもアメリカなまりがあると、すぐさま訂正されます。米語ではなく、英語でも地方語ではないキングズ・イングリッシュです。ここで洗練された、美しい標準英語を身につけ、米語と英語を使い分けられたからこそ、帰国後に自信をもって日本放送協会の海外放送アナウンサーとして活躍することができたのです。

「……アメリカ向けの放送で、キングズ・イングリッシュでやりますと、キザだと言って鼻をつままれる。アメリカ人は聞いてくれない。逆にイギリス向けをアメリ

ワシントン州立大学のキャンパスにて

ワシントン州立大学の日本人留学生の面々。矢印で示した人物が唯一

カ式の英語でやると、こんどは下品だと言って、聞いてくれません。私は幸いにアメリカの大学で専攻していたのが演劇だったもので、うまくしゃべり分けることができまして……（中略）イギリス式、アメリカ式どちらにも、キザでも下品でもなく通用する中間の発音ですね。それが一番実用的なんです」（「週刊読売」読売新聞社、発行年不明）

と唯一《ただいち》は語っている。

さらに、演劇科では、脚本を書く技術も叩き込まれます。この技術が、のちの「カムカム英語」のテキスト作成に大いに役立ったのはいうまでもありません。

たしかに、唯一《ただいち》は人前で話すことが苦手でした。急にスピーチを頼まれても、なかなか言葉が出てきません。でも、演劇の世界には脚本というものがあります。脚本に書かれた台詞《セリフ》を頭に叩き込みさえすれば、堂々と人前で言葉を発することができたのです。

いずれにしても、ジェームス夫妻や、日本文学研究者であったヒューズ教授らの直接指導の機会に恵まれ、唯一《ただいち》は演劇科でのびのびと学んでいきました。演劇科では毎週、学生の書き下ろしを教授らが選考し、学内劇場で上演していましたが、そ

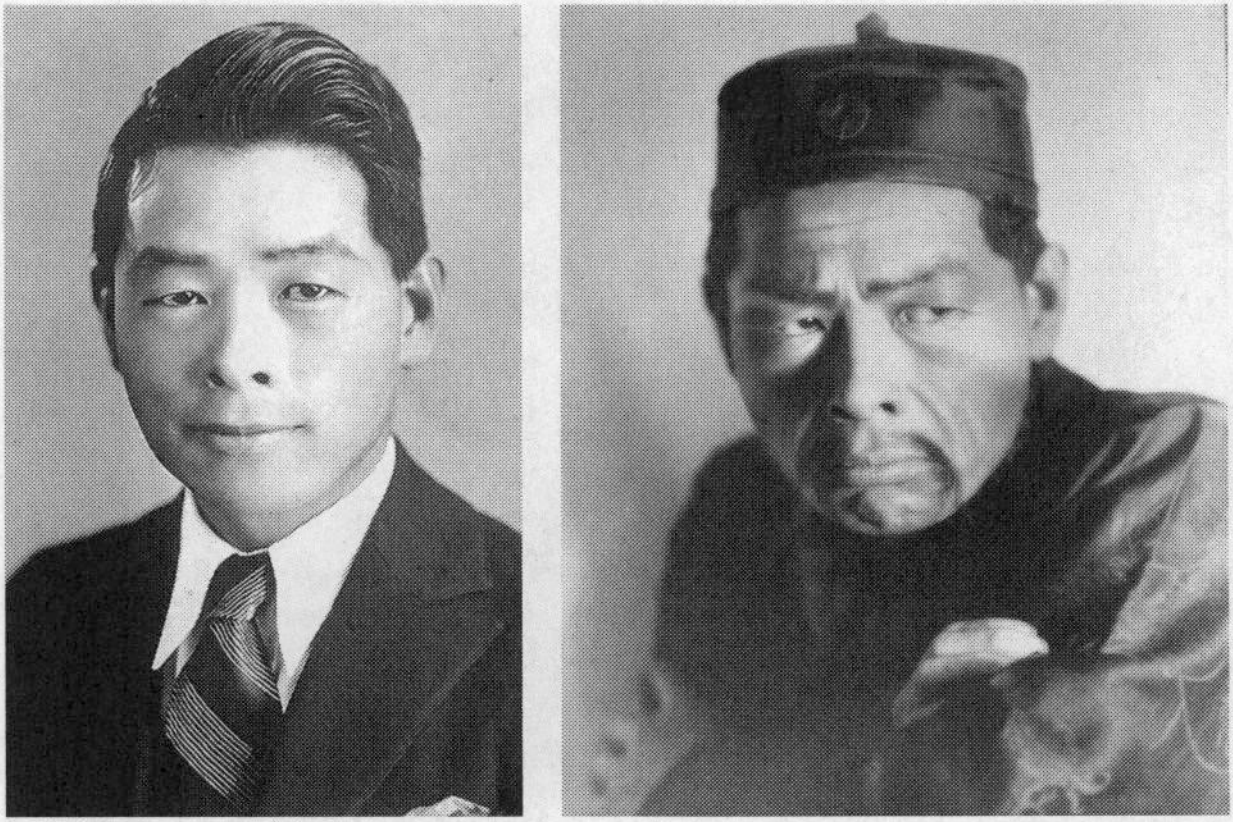

演劇科にいたころの一コマ

こでも、頭角を現した唯一《ただいち》の作品がしばしば取り上げられました。とくに好評を博したのは、田島淳の「能祇《のうぎ》」（『田島淳戯曲集』所収、第一書房、一九二六年）の翻訳劇です。作・舞台監督・装置・照明などを全部一人で手がけ、そのうえ主役の老詩人（原作では俳諧師）に扮したのです。

唯一《ただいち》はこうして正しく美しい英語を身につけていきましたが、そのことを証明するようなエピソードがあります。

一九二九年（昭和四年）、唯一《ただいち》が大学三年のとき、シェークスピアの研究で有名なチーン博士が夏期大学に招聘《しょうへい》さ

ツロール・キングに扮する唯一

れました。チーン博士監督による「シンバリーン」という演目が披露されることになり、唯一《ただいち》もイギリス人役として出演したのです。この舞台を見ていたのが、毒舌で知られる演劇批評家のオーティン・ハイマーです。彼はこう評しました。

「出演者のなかで、ただ一人の日本人である平川が、いちばんイギリス紳士らしかった」

これは、唯一《ただいち》にとっても最高の評価でした。

唯一《ただいち》は当時を回想して、こんなふうに語っています。

「ちょうどそのころ、ワシントン大学のすぐ近くにシアトル・レパトリー・プレイハウスという小劇場がありまして、そこで上演されました（中略）イプセンの大傑作である『ペール・ギュント』という劇に出演したのがはじめてでした。（中略）私の役は、ペール・ギュントが長い人生の旅で深い山奥に迷い込んだときに出会う、『ツロール・キング』という、化け物のような王様だったわけですが、この劇がまた、この劇場が始まって以来という大当たりでしたもので、二カ月以上も続けて出演いたしました」（NHK編『わたしの自叙伝(1)』日本放送協会）

「ペール・ギュント」はジェームス夫人監督による上演で、この劇場では続いて、トルストイの「生ける屍《しかばね》」も上演されました。唯一《ただいち》はこれにも出演し、名のない役でしたが、舞台を演出するうえで多大な貢献があったとして「端役最優秀賞」を受けたのです。まさに唯一《ただいち》の面目躍如《めんもくやくじょ》といえます。

唯一《ただいち》は、大学在学中に「COMPARATIVE STUDY OF CHIKAMATSU AND SHAKESPEARE」（近松門左衛門とシェイクスピアの比較研究）というレポートを残しているので見ておきましょう。

"Chikamatsu, the Japanese Shakespeare." It was more than once that I read and heard this phrase, "Not so much as definite challenges to a comparison of Chikamatsu with the European giant" as Mr. Hughes says, "but more as unbounded admiration." But hearing of this phrase repeatedly aroused my curiosity to look into the characteristics and shortcomings of the two geniuses to see if there is any resemblance between them. Happily my curiosity was more than satisfied. No doubt some of the points in common are purely accidental; yet, is it not amazing that one should find such striking resemblance between the "Swan of Avon" and the "Stalk of the Far-East"? Even the least of their resemblance becomes most interesting when we consider the fact that the two geniuses lived in entirely different worlds and ages, and were of distinct races and blood.

Before I go into my discussion, I feel obliged to make my stand clear so that there may be no misunderstanding us to my aim in this study. I have no intention whatsoever to compare Chikamatsu with Shakespeare in the scope of his greatness. It would be ridiculous. The fact that the two lived in different ages alone is sufficient to account for their relative greatness, for no person in history was ever greater than the age in which he lived. Bearing this in mind, my study has convinced me to say that if Shakespeare lived in Japan 200 years ago under the same social condition as

Chikamatsu did, and vice versa, each would have done exactly what the other did in his respective time and place.

「近松は日本のシェイクスピアだ」と何度か読み聞きした覚えがありますが、ヒューズ氏が言うように、「近松とヨーロッパの巨人を比較する明確な挑戦」というよりは、むしろ「限りない賞賛」の念を抱くのです。しかし、このフレーズを聞くと、二人の天才の特徴と些細なことを調べ、それらのあいだに類似点があるかどうかを調べたい、という好奇心が繰り返し高まりました。幸いなことに、私の好奇心は思いのほか、満たされました。間違いなく、それらの共通点のいくつかはまったくの偶然です。しかし、「エイボンの白鳥」(注＝シェイクスピアのこと)と「極東の茎」(注＝近松門左衛門のこと)とのあいだに、これほどの類似点があるというのはまったく驚くべきことです。二人の天才がまったく異なる世界に住んでおり、異なる年齢、人種、血統の時代に住んでいたという事実を考えると、彼らの細かな類似点でさえも非常に興味深いものになります。

議論に入る前に、この研究の目的について誤解されないように、自分の立場を明確にする義務があると感じています。私は近松とシェイクスピアを彼らの偉大さの観点で比較するつもりはまったくありません。それは、ばかげています。二人は異なる時代に住んでいましたが、彼らの各々の偉大さは評価されるべきものです。これを念頭に置いて、私の研究は、もしシェイクスピアが二百年前に日本に近松と同じ社会的条件の下で生きていたなら、そしてその逆もまた同様であったならば、シェイクスピアは近松門左衛門のように、近松門左衛門はシェイクスピアのようになっていただろうということを、私に確信させました。

父、定二郎の死と兄の帰国

こうして、唯一《ただいち》は、充実した大学時代を過ごしていたようです。当時のことについて、唯一《ただいち》は、大学の学費も生活費もすべて誰からも援助を受けることなく、自分でやりくりしていたと、私によく話していました。

大学時代に唯一《ただいち》が住んでいた住所を調べると、そこにはＫＣＷ・カーペットクリーニングという会社名が記されています。このクリーニング会社は旧日本人街の一角にありました。唯一《ただいち》がシアトルにやってきたときに職を得た、古屋商店のすぐ近くです。この会社で唯一《ただいち》は絨毯《じゅうたん》のクリーニングの仕事をしていたのです。

アメリカの家庭にとって、絨毯は必需品です。どの家庭にも何枚もの絨毯が敷かれていますし、そのどれもが日本では考えられないほど大きなものです。その絨毯を各家庭から預かり、洗剤を使って洗うという作業です。たっぷりと水を含んだ絨毯はそうとうに重く、あまり人がやりたがらない重労働ですが、おそらくその分、給与は高かったと思います。

唯一《ただいち》は、このKCW・カーペットクリーニングで三年間ほど働いたようです。KCW・カーペットクリーニングの経営者はフランク神八《かみはち》氏という日系人で、敬虔《けいけん》なクリスチャンであったフランク氏は、ことあるごとに唯一《ただいち》を助けてくれました。もちろん、生活費を稼ぐことがいちばんの目的でしたが、そんな人格者であったフランク氏に対する感謝の気持ちがあったのだと想像できます。

そして、二年生になって演劇科に移り、充実した大学生活を過ごしていた唯一《ただいち》のもとに、日本から一通の手紙が届きました。それは定二郎の死を知らせるものでした。唯一《ただいち》兄弟がアメリカに来てから九年。三人で過ごした時期もありました。その後、津川村に帰った父親は穏やかな晩年を過ごし、還暦を迎えた年に旅立ったのです。

兄の隆一は、これを機に日本にもどることになります。アメリカで自動車修理の技術をしっかり身につけていた兄は、日本で修理工場をつくる計画を立てていました。残された母親のことも心配だったのでしょう。長男の責任として、兄は帰国することを決めたのです。

しかし、唯一《ただいち》はまだ大学生です。中途半端なかたちで帰国するわけにはいきません。アメリカに残ってがんばる、そう心に決めました。

父親の葬式には出られなかった唯一《ただいち》ですが、じつはその二年後、一度、津川に帰っています。おそらく父親の墓参りが目的だったと思われます。国際情勢が複雑化していた時代で、アメリカと日本を自由に行き来することはできませんから、唯一《ただいち》は幾度も帰国の申請を出したのでしょう。

そうして十一年ぶりに帰ってきた故郷。そのときのことをのちに語ることはありませんでしたが、きっと万感の思いがあったにちがいありません。

思えば、父親とともに過ごした時間は短いものでした。唯一《ただいち》が二歳くらいのとき、父親はアメリカへと渡っていきました。その後、定二郎は一度帰国したものの、ふたたび渡米し、十六歳のときに再会を果たしますが、二年後にはまた離れ離れになります。でも唯一《ただいち》の心には、いつも父親の姿があったはずです。

祖父の定二郎と父の唯一《ただいち》は、とてもよく似ていたようです。争い事を嫌い、誰に対しても分け隔てなくつきあい、時にそのやさしさが気弱に見えることもあり、ほんとうによく似た父と息子であったと思うのです。

ハリウッドでの活躍

一九三一年（昭和六年）六月、唯一《ただいち》は二十九歳のときにワシントン州立大学を首席で卒業します。アメリカ人でも難しい演劇科の課題をこなし、首席という成績をとったのですから、唯一《ただいち》がどんなにがんばったか、その努力の足跡は明らかでしょう。決して器用ではない唯一《ただいち》が、どの授業も誰よりも時間をかけて努力をしたのはまちがいありません。

しかし、のちに唯一《ただいち》は、まったく苦労などとは思わなかったと言っています。

「私にとっては苦学ではなくって、むしろ楽しいばかりの〝楽学〟といったほうがピッタリするような毎日でした」

べつに苦しいともみじめだとも思わないで、結構愉快に、張りきって勉強を続けたようです。もしも唯一《ただいち》に苦しい少年時代がなかったとしたら、おそらく苦学の苦しさに負けて、中途でくじけてしまっていたかもしれません。

眠る場所の心配も、明日に食べるものの心配もすることなく、自分が学びたいと思うことを学ぶことができる。それ以上の幸せなどない。勉強ができることへの感謝。唯一《ただいち》の心にはつねにそんな気持ちがあったのです。

大学を卒業した唯一《ただいち》は、その年の暮れにシアトルを離れます。向かったのは、「映画・演劇の聖地」と呼ばれるハリウッドです。どのような思いで、そしてどのような目標や夢をもってハリウッドに向かったのかはわかりませんが、演劇科を卒業した人間としては、一度はハリウッドの地で仕事をしたいという希望があったのだと思います。

年が明けた一九三二年(昭和七年)二月、唯一《ただいち》はリトル・トウキョウ劇団の専任監督として迎えられます。ここで日英両語による劇の指導にあたることになりました。日本語が話せて、美しい英語も使うことができるうえ、演劇の基礎的知識も有している人物は、ハリウッドでも希少だったのでしょう。翌年にはユニバーサル・プロダクションの撮影で、東洋人部のシナリオ編成をまかされています。

また、このころ、唯一《ただいち》は、劇作の書き下ろしもやっていました。日本の神話を主題として書かれた作品です。登場人物には面をかぶらせ、会話は浄瑠璃《じょうるり》形式で語らせています。この前衛的な演出はアメリカでも高く評価されました。満洲問題をめぐって、対日感情が悪化の一途をたどっていましたから、このとき受けた意外なほどの好評価に対して、唯一《ただいち》はアメリカ人の度量の広さを感じたようです。

映画の〝聖地〟で、唯一《ただいち》は一人奮闘していました。しかし、そこでは偏見や差別はありませんでした。いや、もしあったとしても、それは芸術を前にすれば形をなすものではありません。芸術は世界の人びとの心をつなぐ——唯一《ただいち》はそんな信念を抱いていたのだと思います。

驚くことに、唯一《ただいち》はハリウッド映画にも出演しています。一九三五年（昭和十年）に製作された「Rip Roaring Riley」（エルマー・クリフトン監督）というミステリー作品に出演していたのです。端役ですが、そこには生き生きと演じる若き日の唯一《ただいち》の姿がありました。

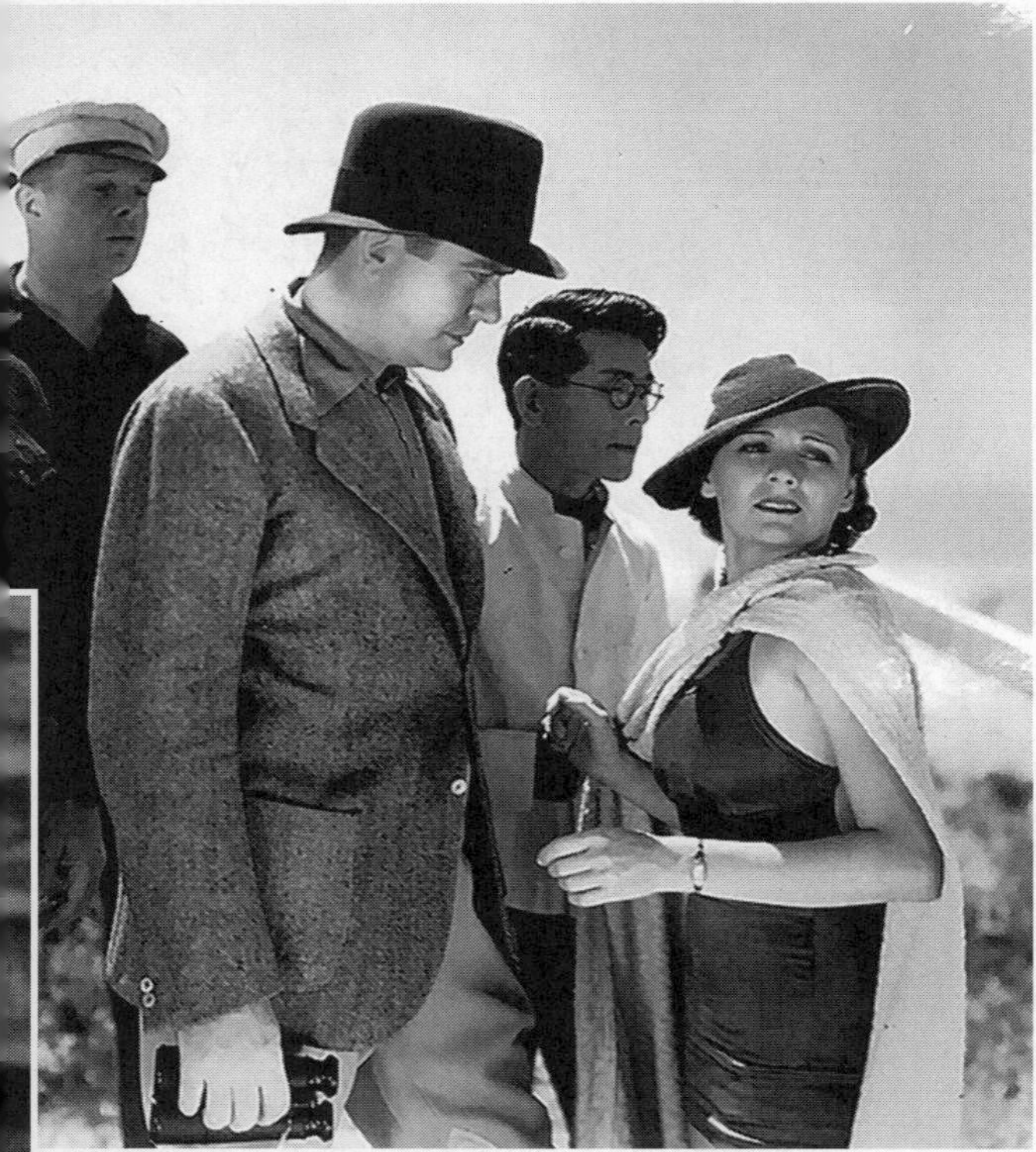

唯一《ただいち》が出演したハリウッド映画
「Rip Roaring Riley」(1935年製作)の一場面
(唯一は当時33歳)

瀧田よねとの結婚

ワシントン州立大学で学んだ演劇学を活かすために、ロサンゼルスに移住した唯《ただ》一《いち》でしたが、移住の理由は演劇だけではありませんでした。演劇の世界では、そうそう簡単に食べていけるわけではありません。唯《ただ》一《いち》もまた好きな演劇だけで食べていくことなどできませんでした。一人のスターが生まれるためには、何万人もの志望者の厳しい生活があることを、唯《ただ》一《いち》は知っていたのです。

唯《ただ》一《いち》はロサンゼルスで、セントメリーズ・チャーチ（聖公会）の専任教師という職を得ました。アメリカ人に対して日本語の指導をしたり日本文化などを教えたりし、日本人には英語を教えるという仕事です。これは唯《ただ》一《いち》にとっては願ってもない仕事でした。しかし、それでもなお唯《ただ》一《いち》の生活が保障されたわけではありません。悠々と生活できるほどの収入にはならないからです。

唯《ただ》一《いち》は専任教師の仕事だけでなく、ガーデナー（庭師）をはじめ、いろいろな仕事をしながら生計を立てていました。そして、セントメリーズ・チャーチの山崎節牧師のもとで仕事をしながら、牧師補の資格も取得したのです。

このセントメリーズ・チャーチで、唯一《ただいち》は運命的な出会いをします。のちに妻となる瀧田よね、つまり私の母親との出会いです。

よねは明治三十七年（一九〇四年）、東京・神田錦町に生まれます。瀧田家は旧幕時代から手広く薪炭商《しんたんしょう》を営んでいました。よねが生まれたころには、父親は洋服のテーラー（仕立て屋）を経営しており、三男四女の長女であるよねは、何不自由のない裕福な暮らしをしていたのです。

幼いころから勉強ができたよねは、東京府立第一高等女学校（現・都立白鷗中高一貫）から東京府女子師範学校（現・東京学芸大学）へと進み、卒業後は東京・浅草の小学校で国語教師として教鞭をとっていました。

そして、教員になって四年目の昭和六年（一九三一年）一月、よねは約三カ月の予定でアメリカで行われている教育を視察に行く機会を得たのです。約二〇〇〇人もの応募者のなかから、たった二人だけが選ばれました。いかによねが優秀であったかがわかります。

このアメリカ視察は、よねにとって刺激的ですばらしい経験だったようです。視察旅行から帰国したよねは、同年六月に、「アメリカ西海岸視察所感」というレポートを発表しています。

よねは、「十市三十八校の視察であった……」と記し、主だった小学校の特徴を、次のようにまとめています。

「シアトル・ジアーマーションスクール

最も心を惹かれたは新聞記者室である（六年）。将来の一流記者を以て任じている六年の男女生徒は原稿の編集に余念がない。記事はすべて学校を中心として社会記事の掲載である」

「ポートランド・ハラデースクール

自治的訓練が非常に進んでいる」

「サンフランシスコ・ティーチャースカレッジ

児童のオーケストラを聞く。全校生徒を優中劣に別《わ》けて始業前一時間ずつ指導しているのであるが、なかなかしっかりした成績である」等々。

そして、レポートの最後は、「名残の夜。明日はアメリカを発《た》つ。なつかしい思い出の炎は私をいつまでも眠りにつかせない。……ほんとうに尊い勉強であった」と締めくくられています。

このとき体験したことは、よねに大変な刺激となったようです。もう一度アメリカに行きたい、アメリカの大学で勉強したいという思いを募らせたよねは、昭和八年（一九三三年）三月に教職を辞め、翌年四月、ふたたびアメリカに渡ります。南カリフォルニア大学で教育学を学ぶことになったのです。

大学に通う一方で、よねはセントメリーズ・チャーチでの活動にも参加します。まだまだ英語をうまく話すことができないため、同じ年ごろの唯一《ただいち》がよねに英語を教えることになりました。これが二人のなれそめです。

日本から遠く離れたアメリカの地で、二人はゆっくりと愛を育みました。そして、いつしか将来をともにする約束をするようになったのです。もちろん、よねと結婚するには、両親の許可を得なくてはなりません。しかし、ここはアメリカです。簡単によねの実家に挨拶に行くことなどできません。そこで唯一《ただいち》は、よねの両親に手紙を書くことにしました。

唯一《ただいち》がよねの両親に送った何通もの手紙には、よねの近況やアメリカでの暮らし

ロサンゼルスの聖公会教会で挙式

ぶりが記されていました。よねから聞かされる瀧田家の様子や、父母のやさしさなどにもふれています。そして、最後のほうの手紙にはこう記されています。

「私も必ず全生涯をささげて十分よき伴侶となって共に幸福なる路へと歩む心算《こころづもり》でおります」

こうして両親や家族に直接会うことなく、唯一《ただいち》とよねは夫婦となりました。一九三五年（昭和十年）三月十四日、二人はロサンゼルスの聖公会教会で結婚式をあげたのです。そして、翌年、長男の壽美雄（私の兄）が生まれます。この時点では、唯一《ただいち》には移民ビザによる永住権がありましたから、おそらくアメリカで生活を続けるつもりだったと思います。

しかし、よねのアメリカでの滞在期限が迫っていました。南カリフォルニア大学を卒業し、教育学の学位も取得していましたが、アメリカでの滞在許可が下りることはありませんでした。滞在延長も申請していたようですが、認められなかったのです。そして、二人は、日本に帰国することを決めます。

長男を抱く妻、よねとともに。アメリカにて

昭和十二年（一九三七年）十月十九日、家族三人はサンフランシスコ港を出港し、十一月六日に横浜港に到着。唯一《ただいち》が神戸を旅立ったときから十九年という歳月が経過していました。よねにとっても三年半ぶりの祖国の地でした。

おまけのエピソードを一つ。

結婚式をあげた二人は、新婚旅行の計画を立てます。それはピズモ海岸へのドライブ旅行でした。ところが、途中で自動車の調子が悪くなり、そのままでは目的地まで行くことはできません。唯一《ただいち》は、途中で引き返すことにしました。それはしかたのないことですが、そこから先が唯一《ただいち》らしいのです。

普通なら、自動車ではなく列車などで行くことにするでしょう。目的地を変えることもあるでしょうし、あるいは旅行自体をあきらめてしまうこともあると思います。しかし、唯一《ただいち》はあきらめることは嫌いです。家に帰ると、すぐさま自動車の修理にとりかかりました。プロにまかせるのではなく、自分の手で修理したのです。そして、修理が終わると、ふたたび同じコースで新婚旅行へと出かけていきました。

自動車を自分で直してしまう器用さといい、一度決めたら必ずやり通すという一途さといい、唯一《ただいち》の性格がよく表れたエピソードです。後年、「カムカム英語」の事業に携わる際、一度決めたことはどんな困難にぶつかっても、他人が何を言っても、決して譲ることはなかったのを、私は何度も見てきました。

この一度決めたらやり通し、決して取り消さないという姿勢は、平川家の人間の誰もが引き継いでいます。

episode—3
戦争が残したもの

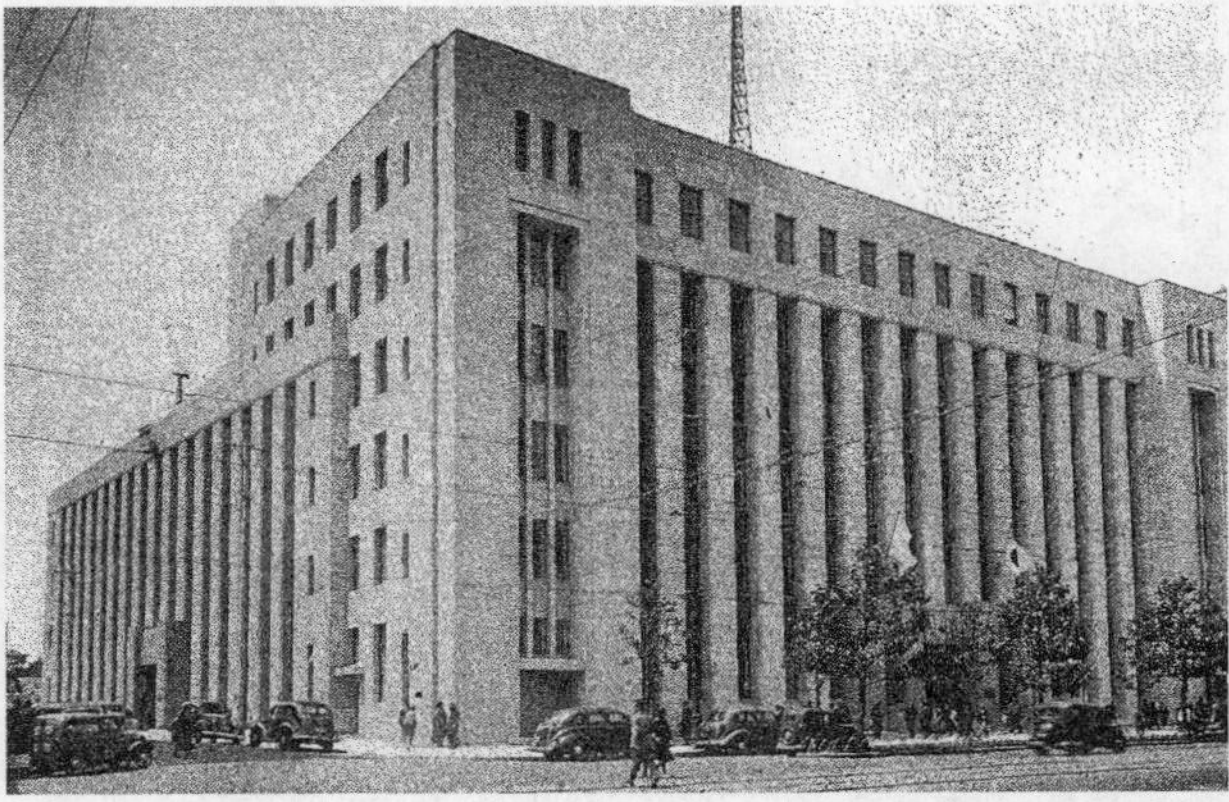

GHQによって接収された東京・日比谷の東京放送会館

日本放送協会に採用される

昭和十二年十月、久しぶりに祖国の地を踏んだ唯一《ただいち》ら家族三人は、ひとまず東京・神田錦町の瀧田家に身を寄せます。

このとき、日本の状況は決して平和とはいえませんでした。昭和六年（一九三一年）には満洲事変が勃発。翌七年（一九三二年）一月には上海事変。さらに、その翌年、日本は国際連盟からの脱退を表明しました。中国国民政府への対応をめぐり、日本は国際的に孤立を深めていったのです。そして、唯一《ただいち》たちが帰国した年には、日中戦争の引き金となった盧溝橋《ろこうきょう》事件が起きています。まさに、日本は「大きな戦争」へと歩を進めつつあったのです。

そんな政治的に不安定な時期でもありましたから、仕事は簡単には見つかりません。瀧田家は老舗のテーラーを営み、洋服の仕立てを生業《なりわい》としていました。じつは、唯一《ただいち》は、帰国当初はこのテーラーで働き、後継ぎとなることを考えたようです。そのため、よねの父親である瀧田藤三郎氏に、ある提案をしていたのです。

アメリカにも多くのテーラーがあり、唯一《ただいち》はその動向をチェックしていましたが、すでにテーラーの時代は終わろうとしていると見ていました。個々人が自分にあった洋服を仕立てるのではなく、いわゆる既製服をたくさんつくって、それを安価で売るという時代に入っていたのです。

現に、その当時のアメリカの既製服の年間売り上げは四億五〇〇〇万ドル近くにものぼっています。もはやテーラーの時代ではなく、大量生産の時代になっていくと確信した唯一《ただいち》は、よねの父親に商売の方向転換を提案しました。

これは先見の明があったといえるでしょう。唯一《ただいち》がアメリカで見てきたものは、必ず日本にも取り入れられる日がくる。それは歴史を見ても証明されています。しかし、諸般の事情があり、よねの父親は唯一《ただいち》の提案を受け入れなかったようです。

しかし、唯一《ただいち》にはがっかりしている暇などありません。まずは、瀧田家の援助とアメリカで蓄えたお金で、昭和十三年（一九三八年）八月に世田谷区太子堂に家を買って移り住みました。次は仕事です。ともかく仕事を探して生活を安定させなくてはなりません。そんなときに目に入ったのが、社団法人日本放送協会（ＮＨＫという略称は昭和二十一年三月四日から使用開始）の海外放送要員の募集だったのです。

日本放送協会の海外放送は、昭和十年（一九三五年）六月に、「遠く海外在住のみなさま！　こちらは日本放送協会、東京愛宕山のスタジオであります」の第一声で始まっています。その後、昭和二十年（一九四五年）九月に停止されるまで、十年にわたって海外向けのラジオ放送を行ってきました。この海外放送部門が、英語のできる職員を募集していたのです。

アメリカ生活が長かった唯一《ただいち》は、もちろん英語に不自由することはありません。その会話力はアメリカ人とくらべても遜色《そんしょく》はなく、唯一《ただいち》自身も英語力に関しては自信がありました。しかし、英語ができたとしても、ニュースを読んだ経験はありません。ニュースをどう読めばいいのか、どのようにして伝えればよいのか、あるいはニュース原稿をどのように書けばいいのか、その分野に関してはまったくの素人だったのです。

それでも、とにかく応募だけはしよう。唯一《ただいち》はそう思い立ち、履歴書を送って試験を受けることにしました。はたして、どのような試験があるのだろう。おそらく応募してくる人たちは、少なくともニュースを読んだ経験があるだろう。

でも、いまからそんな技術を身につけようと思っても無理です。一週間やそこらで身につくようなスキルではありません。そこで、唯一《ただいち》は、試験に山を張ることにしました。試験当日、朝早く起きた唯一《ただいち》は、朝刊をとって部屋にもどり、隅から隅まで目を通しました。

海外向けの放送に使えるような記事がないだろうか——自分自身がニュース発信の責任者になったつもりで記事を読んでいったのです。しかし、その日に限って、海外向けになるような記事がありません。いくら探しても、いわゆるニュースバリューの高いものはありませんでした。

そのとき目にとまったのが、「朝日新聞」の社説です。社説には、「皇軍、南京城に入る」という一文が寄せられていました。南京陥落が目前に迫っているという緊迫した様子が記されています。

国威発揚をうながすこの記事は、海外放送向けにもってこいだろうと予想した唯《ただ》一《いち》は、その社説を要約し、海外に向けて放送できる英文原稿を書き上げたのです。

そして、みずから書いた原稿を頭の中に叩き込んで試験会場へと向かいました。

午後から始まった採用試験で配られた試験用紙を見て、唯一《ただいち》は自分の目を疑いました。そこには、「朝日新聞」社説が印刷されていたのです。なんと、「この論説を海外放送向けに要約せよ」という問題が記されています。それは唯一《ただいち》が想定していた問題と寸分違《たが》わぬものでした。

考える必要などありません。唯一《ただいち》は頭の中に叩き込んでいた要約内容を、ただ試験用紙に書き込めばいいだけでした。その要約は完璧なものでした。このときの応募者数は五十数人で、採用されたのは二人。唯一《ただいち》は見事に、その二人のうちの一人となったのです。

唯一《ただいち》はこの偶然に感謝しました。と同時に、「何かに導かれているような思いもした」と言います。日本放送協会への採用がなければ、おそらく「カムカム英語」の放送が存在することはなかったのですから。

「まったくの偶然によって試験の山が当たった。何かに導かれるように放送局の一員となった」

唯一《ただいち》は純粋にそう思っていましたが、妻のよねはのちに、そこには別の力が働いていたと語っています。

「きっと、清沢さんがお膳立てをしてくれたのだと思います」

よねが清沢さんと呼ぶのは、自由主義言論人として知られる清沢洌《きよし》氏のことです。彼は明治二十三年(一八九〇年)に長野県に生まれ、内村鑑三の弟子である井口喜源治の研成義塾に学び、明治四十年（一九〇七年）六月に渡米します。アメリカで働きながら勉学に励み、邦字新聞の記者や寄稿家として身を立てるようになります。大正七年（一九一八年）に帰国すると、二年後に「中外商業新報」（現・日本経済新聞）の初代外報部長に就任します。右翼からの攻撃を受けながらも、みずからの信念に基づいた評論活動を続けた人物でした。

唯一《ただいち》は、清沢氏のことを心から尊敬していたようです。なにせ私の名前の「洌」は、明らかに清沢洌氏からいただいた名前です。同じ時期にアメリカで暮らしていた二人が、何らかの縁で知り合う機会を得たのでしょう。唯一《ただいち》にとって、清沢氏は尊敬する人生の先輩であり、清沢氏は唯一《ただいち》に対して、誠実でまじめな好青年という印象をもっていたように思います。

清沢氏が記した『暗黒日記』にも、唯一《ただいち》のことが出てきます。

「昨日平川唯一君、子供の純雄（注＝壽美雄）君をつれて来たる。例によって庭の仕事等を、すっかりやってくれる。

米国で教育を受けた連中が、真面目で誠実であるのは、著しい特色である。恩を感ずるもの、この人々の如きは非ず。僕の知っている者の内、最も真面目なグルー

プだ。彼等は必ず成功するだろう。米国教育の中に、そうした誠実を教うる空気があるのだろう」(昭和十八年八月十九日)

こういった文章から察するに、清沢氏はアメリカ教育のいい部分を日本にも取り入れるべきだと考えていたようです。机上での学問ばかりではだめで、もっと実践的な経験を活かした教育が必要だと考えていたのだと思います。

「平川君という米国大学の文系出身者が、日本の、しかも東京の電気屋さんが修繕し得ないものを直してくれるのだ。冷蔵庫、ワッフルのアイロン、その他ことごとく然り」(昭和十九年四月二日)

清沢氏は前述の本で、このように記しています。

誠実で、しかも手先が器用な唯一《ただいち》という青年を、清沢氏はとても大切にしていたようです。ただ、彼が唯一《ただいち》の採用を後押ししたかどうか、ほんとうのところはわかりません。

海外放送部門の上司であった神谷勝太郎氏によると、唯一《ただいち》は、はじめ翻訳者としての採用だったそうです。英語力がずば抜けていましたから、翻訳者としては最適でした。ところが、いつのまにかアナウンサーとしての力を発揮するようになり、マイクの前で話すのが仕事となっていくのです。

これはまさに、ワシントン州立大学の演劇科で学んだことが活かされたといえるでしょう。アナウンサーの仕事は、マイクに向かって原稿を読むことです。引っ込み思案の唯一《ただいち》は人前で話すことは大の苦手でしたが、マイクに向かって原稿を読むのは演劇の演者が台詞を言うのと同じです。ニュースで読む原稿作成についても、脚本を書くことに似ています。

そう考えれば、やはり唯一《ただいち》は「何かを伝える」という仕事に導かれていったといえます。

◆太平洋戦争の勃発◆

昭和十六年（一九四一年）、平川家に私、次男の洌が生まれます。そして、その年の十二月八日、日本軍はハワイの真珠湾を奇襲攻撃し、これを機に日本とアメリカは三年八カ月にわたる戦争に突入したのです。

唯一《ただいち》は、日本放送協会海外放送英語課チーフアナウンサーに昇格していました。この部署には一二名のアナウンサーが在籍しており、昼夜を問わず日本のニュースを世界に向けて発信していたのです。

当時をふりかえって、唯一《ただいち》はこう語っています。

「もちろん英語そのものは、一応アメリカで使い覚えてはきたものの、日本に帰ってきて使う機会がないまま、何年か経ちますとそれがさびてしまって、使い物にならなくなるのが普通なんですが、海外向けのアナウンサーという大事な役をいただいたからには、一応、日本を代表する声として、世界じゅうに呼びかけるわけですから、その話しかける言葉とか態度、声の使い分けにいたるまでよほど注意して、毎日修練を積んでいかなければならない。またそうするのが当然な場所に置かれたわけなのです」(NHK編『わたしの自叙伝(1)』日本放送協会)

こうして唯一《ただいち》は、海外向けアナウンスの仕事に一心不乱に取り組むうちに、電波戦におけるアメリカ優位の理由、それに打ち勝つには何が必要か、そして日本の海外放送がもつ構造的な欠陥など、まず徹底的に敵を知り己を知ることの重要性を痛感します。

そして、昭和十八年(一九四三年)七月、唯一《ただいち》は「英語放送改善に関する私見」と「海外放送のアナウンス」(「放送研究」一九四三年九月号)という二つの論文を立てつづけに発表したのです。以下、「英語放送改善に関する私見」を要約しておきます。

「対敵宣伝の重大任務を負うわれわれは、東京放送（注＝ラジオ・トウキョウ）が敗戦国の放送のごとく聞こえつつある事実をどうにかしなければならない」

「緻密に聴取し、適切な批判を加えるということがいままで行われておらず、十分権限のある批判的聴取機関が絶対に必要である」

「東京放送は全体として一貫した性格がなく、番組全体から受ける印象はいかにもでたらめという感じである」

「盛り上がる力が反映してこないのには二つの原因がある。一つは、企画そのもののなかに一貫した指導精神を力強く発動しえない現状にあること。有能にして力強い指導者がいないこと。責任の所在が一元化されていないために、放送の各部門を統括した効果的運営ができていない」

「英語放送における対敵宣伝には英語放送員の地位がひじょうに重要であり、適切な便宜と方法を速やかに整えるべきである」

「身近に聴取者をもつ国内放送とは同業者でありながらまったく事情を異にする。反響があるということは、放送員の向上に重要な要素をなしており、批判聴取機能

を切に希望する」（批判聴取機能）

「スポークスマンとしての人材を得ることは、ほとんど不可能なのが現状。放送員に対する評償が一般事務員と大差ない現状である。敵国の放送員が優秀である一因として、彼らの地位が高く評価されている」（放送員に対する正当なる認識）

「放送員の待遇などの取り扱いは、その実績の優劣とほとんど関係ない。玉石混淆《ぎょくせきこんこう》に取り扱われていては向上の妨げになる」（放送員の実績に準ずる取り扱い）

「放送員の飛躍的向上が要求されるならば、それ相当の設備が考慮されなければならない」（最小限度の設備）

次いで、「海外放送のアナウンス」を見てみましょう。

これには、「宣伝戦における米・英はわが強敵であり、電波戦必勝には徹底的に敵を知り己を知ることが絶対に必要である」ことを高らかに謳い上げています。その要旨を抜粋しておきましょう。

「全米を通じて少なくとも三五校以上の大学が放送局をもって、ラジオ科の科目を実地に教えていた。このほか放送局はもたないが、ラジオに関する科目を教えている学校は一一五校あった」

「これらラジオ科においては、音声の訓練、語法、マイクロホン技術、アナウンシング、ラジオ劇、スタジオ監督、聴取者の反響分解法などあらゆる方面の訓練を極めて実際的に教えている。これらの訓練のほかに、一人前のアナウンサーとして採用されるまでには少なくとも一種類の外国語を自由に話すことが要求され、音楽史、音楽鑑賞の知識と、ある程度の劇の経験があることを要するのである」

「彼らが放送員として採用されてからの毎日は、来る日も来る日もまさに火花を散らす競争の連続である」

「かくして頭角を現した放送員は、だんだんと立派な放送局に引き抜かれていくのである。われわれが海外放送で競争相手とする敵の放送員はこのようにして引き抜かれた連中であることを思うとき、生やさしい努力で彼らと太刀打ちができるはずがないのである」

「それにくらべて、当方の陣容はどうだろうか。採用以前に放送に関する専門的訓練を受けているものは一人もいないのみか、採用と同時にすぐ放送に従事しなければならない現状である」

「決戦下の英語放送がいまただちに効果を上げるためにはどうしたらよいか。これは放送員の奮起にまつところが大なるは言うまでもないが、彼らの向上を少しでも容易にするために、その方法や施設を完備することこそ現下の急務であろう。改善に対する奨励の方法として、各自の努力の放送実績に対する適切応分の取り扱いが考えられる。また、施設としては、放送員の研究室、練習スタジオなどの設置が望ましい。そのほか研究資料を豊富に集めることも必要であるし、定期的に英語専門家の批評を求めることも効果がある。逡巡《しゅんじゅん》していたのでは、電波の戦に後れをとることは必定である」

唯一《ただいち》は、アメリカとくらべて放送に関する人材育成の薄さ、また設備などの貧弱さを憂いているのです。でも、こうした現場の声はどこまで届いたのでしょうか。

〝赤鬼〟による二度の空襲

戦火は日に日に激しさを増していきました。東京の上空には連日のように、B29爆撃機が飛んできます。投下された焼夷弾《しょういだん》によって、東京のあちこちが火に包まれました。唯一《ただいち》の家族が住んでいた世田谷区太子堂の上空にも、数十機のB29が飛来しました。

　そして、ある日のこと、上空を眺めていると突然、B29がやってきました。上空から落とされた焼夷弾が、確実に唯一《ただいち》の家に向かってきます。逃げるには遅すぎました。もうこれでわが家はやられてしまうと、死さえも覚悟したその瞬間、強い風が吹いたのです。焼夷弾はその風によって進路を変え、唯一《ただいち》の家から三〇〇メートルほど離れた空き地に着弾しました。まさに神風が吹いたような瞬間でした。

　このとき唯一《ただいち》は、私の兄、壽美雄に向かってこう言いました。

「ごらん、空にきれいな天使たちが飛んでいるよ。彼らはきっと、私たちに幸運を運んでくれたにちがいない」

　冗談のようにも聞こえますが、唯一《ただいち》はまじめにそう言ったのです。それを聞いた兄は、

「何をばかなことを言っているんだろうと思った」

と、戦後、私に言っていました。

　自分たちを殺そうとしているアメリカのB29を、どうして天使などという言葉で表現できたのか。このときのことを、長男の壽美雄はよく覚えていました。世田谷区太子堂付近が空襲にあったのは、昭和二十年（一九四五年）五月二十四日と二十五

日の二度でした。

唯一《ただいち》はいつも、家族にこう言っていたそうです。

「神様が守ってくれるから、心配することはない。田舎に疎開などしなくても大丈夫だから」

よくわからないながらも、壽美雄はどこかで唯一《ただいち》の言葉を信じていたと言います。きっと自分たちは大丈夫だ、と。

しかし、五月の二度にわたる空襲のときには、さすがにダメだと思ったそうです。家のすぐ南側にある八幡神社の大木に焼夷弾がひっかかり、三軒茶屋方面では多くの火の手が上がっていました。家族が住む家から一〇〇メートルのところまで火が迫ってきました。

当時の子供たちは、B29のことを〝赤鬼〟と呼んでいました。落とされた焼夷弾によって地上には火が広がります。その火の赤色がB29の銀色の翼に反射し、まさに〝赤鬼〟が空を飛んでいるような光景だったのです。

「憎き〝赤鬼〟! 早く東京から出ていってくれ」

壽美雄が子供ながらに言うと、唯一《ただいち》はそれをたしなめるように言いました。

「そういう言い方はよしなさい。そんな言葉からは憎しみしか生まれない。たとえいまは憎い存在であっても、いつそれが神様になってやってくるかはわからない。何かを憎む心は決してプラスにはならない」

唯一《ただいち》はもちろん、日本の敗戦を望んでいたわけでも、戦争を受け入れていたわけでもありません。アメリカに長く住んで、日本と同じくらいアメリカを愛していた唯一《ただいち》にとって、そのアメリカから空襲を受けることは堪え難いことであったはずです。

ただ信じていたのは、平和は必ず訪れるということでした。戦争とは一時的な不幸な関係です。その不幸な関係が延々と続くことなどありえません。必ず両者が手をとりあうときがくるはずだと、唯一《ただいち》は思っていました。

戦争はいつの時代にも存在します。戦争に巻き込まれた人たちは、決して幸福ではありません。たとえ一時《いっとき》とはいえ、とても不幸なことです。しかし、戦争以上に恐ろしいのは、その後も延々と受け継がれる憎悪の炎です。この憎悪の炎を消さないかぎり、平和な時が訪れることはない——唯一《ただいち》はそう伝えたかったのだと思います。

壽美雄は、父のこの言葉を心から理解することはできませんでした。戦争をしている相手を憎むなというのですから。しかし、のちにアメリカに留学した壽美雄は、いまは戦っている相手でも、時代や状況が変われば手をとりあえることを実感します。

壽美雄は父と同じワシントン州立大学で学びながら、ラッシャー・マーケットという雑貨店で配達のアルバイトをしていました。週に何度も配達に行く得意客が、ボーイング社の経営者一家でした。ボーイング社は、あのB29を開発した会社です。東京を焼け野原にした、憎き〝赤鬼〟の総本家ともいえるでしょう。

壽美雄はそれを知っていましたが、だからといって特別な感情を抱くことはありませんでした。ただ、ボーイング社の人間からすれば、壽美雄は自社の爆撃機で攻撃した国の若者です。微妙な精神状態が生まれても不思議ではなかったと思います。

壽美雄が大学を卒業し、最後の配達日のことです。壽美雄はボーイング社一家の家に招かれました。リビングに入ると、そこには壽美雄のためのシャンパンが用意されていたのです。

「父が言いたかったのは、こういうことだったのかもしれない」

寿美雄はシャンパンを飲みながら、父のことを思い出したと、私に語っていました。

食料調達に奔走

なんとか戦火から逃れた唯一《ただいち》とその家族ですが、食料不足には悩まされました。戦況が悪化するにしたがって、食料不足は深刻なものになっていました。国からの配給はありましたが、とてもそれだけでは足りません。とくに子供がいる家は、生きていくための食料をいかに確保するかに頭を悩ませていました。

田舎に疎開していれば、ここまで困ることはなかったと思います。米はとれるし、野菜もあります。ぜいたくさえ言わなければ食べていくことはできました。しかし、疎開の道を選ばなかった唯一《ただいち》家族には、十分な食料はありません。唯一《ただいち》もまた、列車に乗って田舎に行き、なんとか食料を分けてほしいと農家をまわりました。

ですが、そう簡単に分けてもらえるはずはありません。農家にしてみれば、まずは自分たちや近い親戚のことが優先です。見知らぬ東京者に分けるものなどないのです。それでも唯一《ただいち》は根気強くお願いをして歩きました。何時間も畑仕事の手伝いをしたり、また壊れたラジオを修理したりすることもあったようです。

田舎では、ラジオの修理ができる人はほとんどいません。町の電気店に行くこともできないなか、それを修理してくれたのですから、喜ばれたと思います。唯一《ただいち》はそのお礼として、米や野菜を手に入れたこともありました。

じつはこのとき、唯一《ただいち》は一度、故郷である岡山県の津川村に帰っています。津川に帰ることを嫌がっていた妻のよねには何も言わずに帰ったのかもしれませんが、津川で食料を分けてもらってきたことがあったのです。

いま思えば、唯一《ただいち》が津川に帰ったのは、食料を手に入れるためだけではなかったような気がします。戦火が激しくなり、明日をも知れぬ日が続いています。いま行かなければ、もう二度と津川の家族とは会えないかもしれないという思いがまったくなかったとはいえないでしょう。家族思いの唯一《ただいち》にとって、津川の人たちもまた、つねに心のなかにあったのだと私は思っています。

●日本の敗戦を告げる玉音放送●

昭和二十年八月十五日、唯一《ただいち》たち海外放送の職員は、朝から第一スタジオに集まるよう指示されていました。正午からの放送の準備をするためです。放送内容は、前日の夕方、上層部には知らされていました。十五日の正午に流されるのは、昭和天皇のお言葉、つまり玉音《ぎょくおん》放送です。

「ただいまより重大なる放送があります。全国聴取者のみなさまご起立を願います」という和田信賢アナウンサーの言葉に続いて、下村宏情報局総裁が「天皇陛下におかせられましては、全国民に対し畏《かしこ》くも御自ら大詔《おおみことのり》を宣《の》らせ給うことになりました。これより謹みて玉音をお送り申します」と説明したあとに「君が代」が流れ、いよいよ天皇陛下のお言葉です。はじめて聞く陛下の声に、国民は身を固くして聞き入りました。

「堪《た》え難きを堪え、忍び難きを忍び、もって万世のために太平を開かんと欲す」

当時の玉音放送のニュース映像には、たびたびこの文言が流されますが、じつは玉音放送は次のような言葉から始まっています。

朕《ちん》深ク世界ノ大勢ト帝国ノ現状トニ鑑《かんが》ミ非常ノ措置ヲ以テ時局ヲ収拾セムト欲シ茲《ここ》ニ忠良ナル爾《なんじ》臣民ニ告ク

（わたくしは、世界の情勢とわが国が置かれている現状とを十分考え合わせ、非常の手だてをもってこの事態を収めようと思い、わたくしの忠良な国民に告げる）

朕ハ帝国政府ヲシテ米英支蘇四国ニ対シ其ノ共同宣言ヲ受諾スル旨通告セシメタリ

（わたくしは、わが政府をもってアメリカ、イギリス、中国、ソ連の四か国に対し四国共同宣言、ポツダム宣言を受諾するむねを通告させた）

（中略）

朕ハ時運ノ趨《おもむ》ク所堪ヘ難キヲ堪ヘ忍ヒ難キヲ忍ヒ以テ万世ノ為ニ太平ヲ開カムト欲ス

（わたくしは国民の心中もよくわかるが、時世の移り変わりはやむを得ないことで、ただただ堪え難いこともあえて堪え、忍び難いことも忍んで、人類永遠の真理である平和の実現をはかろうと思う）

昭和天皇は国民に向かって、ポツダム宣言を受け入れ、戦争を終結させる意思を伝えました。

昭和天皇の尊いお言葉に、すべての国民が涙しましたと言いたいところですが、ラジオの前の国民の多くが、最初は天皇が何を言っているのかよくわからなかったといいます。アナウンサーの解説によって、ようやく何が語られているかを理解したそうです。

唯一《ただいち》も、その場にいる局員とともに胸を熱くしていました。当時、海外放送部門の副部長であった神谷氏は、その日がとくに暑く、開け放った局の窓から、かまびすしい蟬の声が聞こえていたことを覚えているといいます。

そして、玉音放送が終わり、窓の外に目をやると、そこには立ちどまって涙を流す大勢の人がいました。昭和天皇の声をはじめて聞いたことの感動、敗戦という悲しみ……、そこにはいろいろな感情があふれていました。

さて、この玉音放送ですが、知られざる逸話が多くあります。八月十五日にラジオで全国に流すため、あらかじめ録音されることになりました。くわしい理由はわかりませんが、内閣で録音放送にすると決められたからです。陸軍の一部が戦争継続を主張してクーデター決行の準備を進めるなか、玉音放送の録音にいたる経緯は、次のようなものでした。

「十四日午後十一時付でポツダム宣言の受諾に関する詔書が発布された。
宮中においては、間もなく十一時二十分頃より、石渡宮相、藤田侍従長、下村情報局総裁侍立《じりつ》のうえ、詔書の玉音放送の録音が行なわれた。これは十五日正午放送される予定となっていたので、録音盤はその夜侍従職に保管されることとなった」
(外務省編『日本の選択 第二次世界大戦終戦史録・下巻』山手書房新社)

このとき、昭和天皇の侍従を務めた一人が、戸田康英氏(唯一《ただいち》は戦後、東京ローンテニスクラブで知り合い、以来、親しいつきあいをしていた)です。戸田氏に与えられた役目は、翌日の放送まで録音盤を守ることでした。戸田氏は、自分の家の物置に録音盤を隠していたといいます。

昭和天皇が終戦を告げるという情報は、軍部にも流れていました。軍としては敗戦を認めるわけにはいきません。そのため、陸軍の一部将校はなんとしても録音盤を奪おうと企んでいました。十五日早朝には放送局を占拠するなど混乱が続きましたが、陸軍大臣の自決などによって事態は収束を迎えます。

その間、戸田氏は身を隠していました。実際に、戸田氏の家は襲撃を受けたのです。世間では侍従の徳川義寛氏が録音盤を預かり、翌朝まで無事に守ったことが有名なようですが、戸田氏もまた録音盤を守り、重要な役目を果たしたのです。

「8月14日の御前会議から翌15日正午の玉音放送まではわずか一日、ほぼ24時間しか流れていないが、その24時間は戦後の日本の平和にとって奇跡のような24時間だった」（川上和久『昭和天皇玉音放送』あさ出版）

八月十五日の正午、昭和天皇のお言葉が日本じゅうに流されました。そして、それから一時間後には、唯一《ただいち》が昭和天皇のお言葉を世界に向けて発信したのです。

After pondering deeply the general trends of the world and the actual conditions obtaining in Our Empire today, We have decided to effect a settlement of the present situation by resorting to an extraordinary measure.

We have ordered Our Government to communicate to the Governments of the United States, Great Britain, China and the Soviet Union that Our Empire accepts the provisions of their Joint Declaration.

（中略）

...it is according to the dictate of time and fate that We have resolved to pave the way for a grand peace for all the generations to come by enduring the unendurable and suffering what is insufferable.

「詔書の英訳は特別なものですから、それを世界に向けて読み上げるとなると、名アナウンサーの唯一《ただいち》氏もさすがに緊張されたことでしょう」

そう話すのは、横浜国立大学名誉教授の田崎清忠氏です。田崎氏は、昭和三十六年（一九六一年）から十六年に渡ってNHK「テレビ英語会話」の講師を務めています。彼もまた唯一《ただいち》の「カムカム英語」から多大なる影響を受けた一人です。英語教育に関しても、英会話に関しても、人より抜きん出た方ですが、その田崎氏さえもが詔書の英訳を読み上げるのはとても難しいと言います。

「昭和天皇のあのお言葉は、日本語としても高度なものです。英語でどのような話し方をするかによって、別のニュアンスを伝える危険性もあるでしょう。さらにいえば、天皇陛下のお言葉なのですから、そこには最高の品位がなくてはなりません。たんに英語を読めばいいというわけではないのです。どのように読み上げれば陛下のお言葉がもつ品格が伝わるか。それはとてつもなく難しい」

敗戦から七年が経過した昭和二十七年（一九五二年）八月十五日、前日に海外放送局が特集した平和記念放送に、「戦争にピリオドを打った陰の声の主」として唯一《ただいち》が加わったことを報じる記事のなかで、唯一《ただいち》は次のような談話を寄せています。

「あのときは事情が重大なだけに、私の一生を通じてこれくらい緊張を感じたことはなかった、できるだけ荘重に放送するようにとの依頼でやったのですが、いまでもはっきり記憶しています」（「産業経済新聞」）

ところで、終戦の詔書を英訳したのは誰なのか、私は長年気になっていました。というのも、唯一《ただいち》が訳したとする説もあったからです。事の真偽を確かめるべくいろいろ調べていくうちに、『太平洋戦争メディア資料2』（北山節郎編、緑蔭書房）という資料にたどり着きました。

そこには、次のように記されていました。

詔書の翻訳はどこが担当したのか。それは外務省である。

「（中略）あの時、終戦詔書を英訳したのは、加瀬俊一さん（当時、外務大臣秘書官）と、外務省きっての英語使いと言われた小畑薫良《しげよし》さんでした」

（中略）加瀬と小畑両人が8月14日の深夜から翌朝にかけて、懸命の翻訳作業をしたのである。

●終戦直後の街と人●

八月十五日の玉音放送により、日本国民は敗戦の事実を受け入れざるをえませんでした。東京の街は壊滅的な被害を受け、さらに広島と長崎には原子爆弾という聞いたこともないような爆弾が投下されていました。

いったい、これからの日本はどうなっていくのだろうか。平和で豊かな暮らしがもどる日がくるのだろうか。人びとは、まるで真っ暗闇のなかを手探りで歩いているような思いだったでしょう。

国立公文書館アジア歴史資料センターによると、空襲や建物疎開により罹災した面積は約一億九五〇〇万坪、罹災人口は約九七〇〇万人、罹災戸数は約二三〇〇万戸にものぼっています。これは、日本の国内総戸数の二割以上、総人口の一割強が罹災したことを意味します。また、この戦争による死者数を含めると、命を落とした日本人は三〇〇万人ともいわれています。被害の甚大さがわかります。

戦争が終わると、戦地から多くの日本人が引き揚げてきました。やっとの思いで外地から引き揚げてきたものの、変わり果てた日本の姿を目にして、呆然《ぼうぜん》と立ちつくす人の姿があちこちで見られました。

かつて暮らしていた町は破壊され、家族がいたはずのわが家も見当たりません。うまく家族と出会えたとしても、みんなで暮らす家などありません。終戦直後には、なによりも住む家の不足が深刻な状況でした。

焼け跡には、トタン張りの掘っ立て小屋が所狭しと並び、なかには防空壕をそのまま住居として使っている人もいます。どんなに粗末な家でも、雨露がしのげるだけ恵まれたほうです。家もなく、外で眠る人の数も相当なものでした。電気はまだ十分ではなく、電灯が灯らない家も多くありました。夜になると町じゅうが真っ暗になります。明日をどう生きるか、人びとが考えるのはただそのことだけでした。

敗戦の影響は、日々の暮らしのことだけではありません。家がなければ、みんなで協力して建てればいい。食料が不足しているのなら、一生懸命に働けばいい。自分たちの努力ですむことであれば、がんばることはできます。

しかし、自分たちの意思とは関係なく、多大な影響力をもつ存在がいます。終戦によって、多くのアメリカ人が日本国内に上陸してきました。日本は戦争に負けたのですから、彼らに逆らうことはできません。いったい彼らは日本に来て、何をするつもりなのか。赤鬼のように赤い顔をし、体の大きなアメリカ人の姿は、当時の日本人にとって十分に恐怖を与える存在だったのです。

戦時中は、「鬼畜米英」というスローガンが掲げられていました。とくに、鬼畜のようなアメリカ兵はわれわれ日本人に対して残酷な仕打ちをするだろう、彼らは若い女性を陵辱《りょうじょく》するにちがいない――そんな噂が日本じゅうを一気に駆けめぐったのです。

実際に鹿児島県の鹿屋《かのや》では、アメリカ軍が上陸してくるという知らせを受けて、市街地から人の気配が消えたといいます。まるでゴーストタウンのようでした。あるいは神奈川県でも、婦女子はすべて田舎に強制的に疎開させました。アメリカ兵が上陸したら、何をされるかわからないから、とにかく女性を逃がしておかなくてはならない。そんな恐怖が覆っていたのです。

しかし、敗戦を受け入れた人たちの心理はさまざまでした。恐怖心に怯《おび》える人もいれば、敗戦という屈辱に激しい苦悶を感じた人もいたでしょう。でも、そんな人ばかりではなかったのです。

たしかに、日本はアメリカとの戦争に敗け、現実的にはアメリカに占領されたようなものでした。でも、アメリカは、これからの日本が発展できるように導いてくれようとしたのです。現実にマッカーサー元帥は、日本国民に対する援助活動を展開していました。

終戦直後からその翌年にかけて、日本の食料不足はかなり深刻なものでした。いくらお金があっても、肝心の食料がないのですからどうしようもありません。町には、お腹を空かせた子供たちがあふれかえっていました。空腹のあまり泥棒を働く人間もめずらしくはなかったのです。

ともかく食べる物がなくては生きていけません。このままでは一〇〇〇万人規模の餓死者が出るだろうといわれていました。そんな状況に手を差し伸べてくれたのがアメリカでした。進駐軍からはさまざまな物資が放出されました。昭和二十一年(一九四六年)二月には、一〇〇〇トンもの小麦粉が東京の港に到着しました。それによって多くの日本人の命が救われたのです。

「ギブミーチョコレート、ギブミーチューインガム!」と言って、アメリカ兵を見つけると駆け寄っていく子供たちの姿が、ニュース映像などで流れます。子供たちにアメリカ兵がチョコレートを手渡す光景を見て、「やさしいアメリカ兵が、日本の子供たちをかわいそうに思って、自分がもっているチョコレートをあげている」と思った人もいたことでしょう。

しかし、これは、子供たちがチョコレートをねだっているのではありません。「日本の子供たちに、栄養価の高いチョコレートなどの菓子を配れ」と、マッカーサーが指示を出していたのだそうです。

こうして、日本人は少しずつ敗戦を受け入れながら、アメリカという国を受け入れていきました。ただ、敗戦の屈辱を抱えている人も数多くいましたから、簡単なことではありません。積極的に戦争が終わったことを受け入れる人間と、過去の日本にしがみつこうとする人間の、二つの価値観が、唯一《ただいち》が働く職場でもぶつかりあっていたのです。

●GHQからの指示●

八月十五日から数日たったある日、フィリピンのアメリカ軍司令部から、日本放送協会の海外放送部門に次のような指示が届きました。

「数日後にマッカーサー元帥が来日する。その折に、日本国民に向けて占領宣言をする。その準備にあたるために、英語の話せる職員とラジオ技術者のチームを派遣してほしい」

簡単にいえば、日本国内にアメリカの簡易的な放送局を設置するということです。その場所として、すでにアメリカによって接収されていた横浜の税関ビルが選ばれていました。

指示を受けたものの、日本放送協会では、その仕事に立候補する人間は一人もいませんでした。日本放送協会は日本を代表する放送局で、つねに日本の主張を代弁してきた放送局です。その放送局の人間が、アメリカ側の放送の手伝いをするなど考えられません。やりたければ勝手にやればいい、と思っている人のほうが多かったと思います。

しかし、アメリカの指示に逆らうという選択肢はありえません。敗戦国である日本は、アメリカ側の要望をすべて受け入れなくてはならなかったのです。そこに感情的な要素を持ち込むことは許されません。結局、この任務は、唯一《ただいち》が引き受けることになりました。

「みんな嫌がって、誰も手をあげる人間がいなかった。自分はしかたなく受けるしかありませんでした」

のちに、唯一《ただいち》は、親しい人間にそう語っています。

しかし、考えてみれば、唯一《ただいち》の英語力は局内でも図抜けていたはずです。しかも、二十年近くのアメリカでの生活経験もあります。彼らと円滑なコミュニケーションがとれるのは、おそらくは唯一《ただいち》しかいなかったのだと思います。まわりの人間が嫌がったというより、唯一《ただいち》が適任者であると誰もが考えていたのでしょう。

妻のよねの日記を見ると、

「二十年八月二十八日(火)ダディは横浜へご出張。重大なるお仕事にて」

と記されていました。そして、同月三十日の日記にも、

「重大なるお役目にて横浜へご出張」

とあります。二十八日は唯一《ただいち》が横浜の税関ビルに準備に向かった日であり、三十日はマッカーサーが来日した日です。

二十八日に横浜に向かうとき、唯一《ただいち》は、

「もしかしたら泊りがけになるかもしれない」

と、よねに言っています。

そこで、よねは、真新しいワイシャツを三枚用意してもたせました。具体的な仕事の内容はわかりませんが、時期を考えればアメリカ軍絡みの仕事であることが想像されます。できるかぎりパリッとした服装で行かせたいと、よねは思っていたのでしょう。

パリッとした洋服を着た唯一《ただいち》は、横浜の税関ビルに到着しました。指定された部屋に入ると、そこはあまりにも汚れていて、床は埃だらけ、設《しつら》えてあるデスクにも汚れが染みついています。見かねた唯一《ただいち》はさっそく部屋の掃除にとりかかります。

真新しいワイシャツを腕まくりし、部屋の隅から隅まで拭き掃除をしました。残暑が厳しく、唯一《ただいち》のワイシャツは汗びっしょりでした。部屋の掃除をひととおり終えた唯一《ただいち》は、次に便所の掃除を始めました。汚れがこびりついている便所の床も、雑巾《ぞうきん》でていねいに拭いていきます。

数日後、この部屋にやってきたマッカーサーは、きれいに清掃された部屋を見て感激したといいます。戦争直後ですから、どこも汚れていて当たり前です。しかし、通された放送部屋は美しく掃除されていました。聞けば、放送の手伝いをしてくれる平川唯一《ただいち》という人物がやったのだといいます。この唯一《ただいち》の行動が、マッカーサーの心を一気につかむことになったのです。

ちなみに、マッカーサーはこのときまでに、すでに唯一《ただいち》の存在を知っていた可能性があります。ワシントン州立大学の関係者にアメリカ陸軍と関係の深い人がいて、戦争中に海外向け英語放送をしていたのが唯一《ただいち》だと把握していたようなのです。ですから、マッカーサーは横浜のホテルニューグランドに入るなり、「ジョー・ヒラカワはどこにいるのか」と聞いたともいわれています。

マッカーサー元帥に気に入られたいとか、戦勝国の人間が来るのだからきちんと迎えなくてはいけないなどと、唯一《ただいち》は考えたわけではありません。ただ、汚れた部屋を見られるのは日本人の恥になる、日本は敗戦国ではあるけれど、凛《りん》とした態度を捨ててはいけない、日本人として恥ずかしい思いはしたくないという矜持《きょうじ》が、唯《ただ》一《いち》の心にはあったのです。

戦争に負けた国だからこそ、なおのこと美しくあらねばならない。心も、そして自分がいる場所も、汚れたままではいけない。そんな美しさを心がけていれば、日本は必ず立ち直ることができる。

唯一《ただいち》は心の中でそう唱えながら、雑巾を握る手に力を込めていたのだと思います。

東京放送会館の接収

横浜からマッカーサー元帥の第一声を放送するために、唯一《ただいち》は日々、その準備に専念していました。アメリカ軍の関係者がやってくる前に部屋のなかを掃除し、万全の受け入れ態勢を整えていました。そんな唯一《ただいち》の誠実な仕事ぶりに、アメリカ軍のラジオ放送局に所属していたハリス大佐も、全面的な信頼を寄せていたといいます。

横浜での作業が十日間ほど続いたある日のこと、ハリス大佐が唯一《ただいち》にこう告げました。

「極東放送を始めるための本拠をつくるには、やはりこの場所では狭すぎる。まして放送機材もそろっていない。やはりアメリカ軍は、日本放送協会を接収しなければならない」

接収とは、アメリカ軍が占拠するということです。そんなことになれば、放送局としての役割を果たすことも、自由な放送もできなくなります。それは、日本の「口」と「耳」を奪われるようなものです。

「接収する準備にとりかかるから、君が案内してくれ」

ハリス大佐は、唯一《ただいち》に指示します。日本放送協会の職員とはいえ、唯一《ただいち》はハリス大佐の指示に従わなくてはなりません。反論する余地などないのです。このときの唯一《ただいち》の立場は、あくまでもGHQ（連合国軍最高司令官総司令部）の仕事がスムーズに運ぶようにすることであり、アメリカの意思に従って動くことが与えられた使命でした。

昭和二十年九月五日、唯一《ただいち》はハリス大佐を連れて東京放送会館を訪れました。局員に接収することを伝えるためです。それは決定事項であり、相談などではありません。

唯一《ただいち》とハリス大佐が訪れたその日、協会幹部は一つの部屋に集まっていました。「アメリカ軍が接収しようとしている」という情報が、どこからともなく耳に入ってきたのです。いくら日本が敗戦国であったとしても、放送局を接収されるなどということだけは防ぎたい。そうでないと、日本の言論の自由が奪われることになる。

そのため、上層部の人間は、どのような手段で抵抗するかについて話し合っていました。

まさにそのとき、唯一《ただいち》がハリス大佐を連れて乗り込んできたのです。

幹部たちは、部屋に鍵をかけて閉じこもりました。ハリス大佐がドアを強くノックしても、彼らは断固としてドアを開けようとはしません。業《ごう》を煮やしたハリス大佐は、ドアの向こうに強い口調で言いました。

「すぐにドアを開けなさい。もし開けないのなら発砲するぞ！」

つまり、ドアを開けなければ拳銃で撃つということです。戦争直後ですから、それは現実味を帯びた言葉としてドアの向こうに響きました。そして、このハリス大佐の言葉を日本語に訳したのが唯一《ただいち》だったのです。

「ドアを開けなければ撃つぞ！」

唯一《ただいち》はどんな気持ちでその言葉を訳したのでしょうか。ドアの向こうにいるのは八年間もともに働いてきた仲間や上司です。その言葉がハリス大佐のものであったとしても、みんなには唯一《ただいち》の声として届きます。このときの通訳ほど、唯一《ただいち》の心が痛んだことはなかったと思います。

そして、この唯一《ただいち》の声を聞いた上層部の人間は、しかたなくドアを開けました。まさにそれは、「投降」そのものでした。部屋から出てきた職員に、ハリス大佐が一枚の紙を渡しました。それは放送局の一部を接収することが書かれた命令書でした。この紙を受け取った瞬間に、日本放送協会はアメリカ軍の手に渡ったのです。

東京放送会館の一階と四階はＣＩＥ（民間情報教育局）が占拠しました。六階と五階の一部にはＣＣＤ（民間検閲局）が入り、二階には渉外局、そしてその並びには海外の新聞社や通信社の記者室が設けられました。要するに、六階建ての東京放送会館のほとんどが占拠されたということです。

この接収作業を手伝わされたのが、唯一《ただいち》の上司でもある海外放送部門の神谷氏でした。神谷氏は進駐軍の担当者について各部屋をまわりました。そして、指示されたとおりに、次々とデスクにチョークで印をつけていきます。進駐軍のための部屋割りをするわけです。

職員たちは、東京放送会館のなかでまだ仕事をしています。そうしたなか、神谷氏がアメリカ軍の接収作業を手伝っていたのですから、同僚や職員たちの非難の視線が突き刺さりました。神谷氏にしても唯一《ただいち》にしても、好んでアメリカ軍の仕事をしていたわけではありません。しかし、その仕事は誰かがやらなければならなかったのです。どんなに屈辱を感じようが、敗戦国であるかぎりやらねばなりません。

唯一《ただいち》と神谷氏が、どのような理由でその汚れ役を引き受けたのかはわかりません。しかし、接収に対して、もっとも心を痛めたのがこの二人であり、二人の心にあったのは、「必ず日本とアメリカが心から握手できる日がくる」という思いだったのではないかと思います。

唯一《ただいち》の心には、少なからずの葛藤はあったでしょう。しかし、唯一《ただいち》はアメリカに対する偏見や憎悪を抱くことはありませんでした。十九年間アメリカで暮らし、そこに根づいている民主主義や、表面的な差別こそあれ、互いにわかりあえばすばらしい関係を築くことができることを知っている唯一《ただいち》は、冷静な心持ちでＧＨＱの仕事に従事していたのです。

そして、そんな唯一《ただいち》の仕事ぶりは、アメリカ軍関係者の信頼と友情を築き上げていきました。このころ、アメリカ軍関係者がときおり平川家を訪れていたようです。よねの日記には、

「九月十七日（月）白人二人を連れて自動車でダディがお帰り」

と記されていました。

また、長男の壽美雄は幼いころの記憶として、こんな思い出を語ってくれたことがあります。

「ときどきジープに乗ったアメリカの兵隊さんが家にやってきました。母がつくった玉子酒をもっていくと、兵隊さんたちはとても喜んでくれました」

また、唯一《ただいち》はマッカーサー元帥にも大変気に入られていたようです。よねの日記にはこんなことが記されています。

「九月八日(土)に(三越〈現・三越伊勢丹〉で注文した)振袖が仕上がる。十一日には振袖を持参。大変に喜ばれて、すぐにフィリピンに送る」

この振袖は、マッカーサーから頼まれたものだと思います。仕上がった振袖を届けると、マッカーサーはとても喜び、すぐに夫人がいるフィリピンへと送ったようです。その振袖の色はマッカーサー夫人が大好きな紫色でした。

のちにマッカーサー夫人が来日したときには、唯一《ただいち》が三越に案内して買い物をしたという逸話も残されています。どうやら唯一《ただいち》は、マッカーサー元帥とも、立場を離れたつきあいをしていたと推察されるのです。

詳細な時期についてはわかりませんが、昭和二十年のある時期に、アメリカ第八軍司令官アイケルバーガー中将から感謝状が贈られています。唯一《ただいち》がアメリカの占領政策の遂行にあたり、大きな貢献をしたことはまちがいないようです。

マッカーサー元帥からも信頼され、多くのアメリカ軍人からも慕われた唯一《ただいち》ですが、局内での立場は微妙なものになっていました。ハリス大佐と一緒に乗り込んだ翌日、唯一《ただいち》は協会の幹部たちの前に座らされ、こう問いただされました。

「われわれはハリス大佐から逃れるために必死だった。それを知っていながら、なぜ、同じ局員である君が、あのような行動をとったのかね？ いったいどういうつもりだ」

もちろん、唯一《ただいち》には何の責任もありません。唯一《ただいち》も好んで進駐軍の手伝いをしていたわけではなく、もし唯一《ただいち》がやらなければ、ここにいる誰かが同じことをしていたはずです。

しかし、唯一《ただいち》は、その言葉を胸に飲み込んで幹部たちに言いました。

「八年間、いい仕事をさせていただいたあげく、あんなことをしてしまって、ほんとうにすみませんでした。心からのお詫びとして、私は日本放送協会を辞することにしました。どうか辞任を受け入れてくださるようお願いします。そして八年間の親切な処遇に、私がとても感謝しておりますこともひと言加えさせてください」

唯一《ただいち》がそこまでの責任を負うことはありませんでした。おそらく幹部のなかにも、唯一《ただいち》の行動に理解を示し、引きとめたい気持ちをもっていた人間もいたと思います。

しかし、たとえ引きとめられたとしても、きっと唯一《ただいち》は辞めていただろうと思います。これは、自分の行動に対するけじめです。いかなる理由であれ、自分の行動には責任をもたなくてはいけないというのが、唯一《ただいち》の信念なのです。

終戦直後の日本では、戦争は人びとから職をも奪っていました。街じゅうに失業者があふれていました。終戦の年の十二月四日、厚生省（現・厚生労働省）が発表した失業者の数は一三二四万人にのぼっています。とてつもない数でした。

そうしたなかで、唯一《ただいち》は仕事を失う結果になりました。無職になった唯一《ただいち》でしたが、決して悲観的な気持ちにはなりませんでした。これまでの人生で大変な苦労を積み重ねてきた唯一《ただいち》にとって、一時の無職など大したことではなかったのです。

きっとまた明るい日がさしてくるという強い信念をもつことこそが、唯一《ただいち》の強さでもあるのです。

episode—4

いよいよ始まる カムカム英語

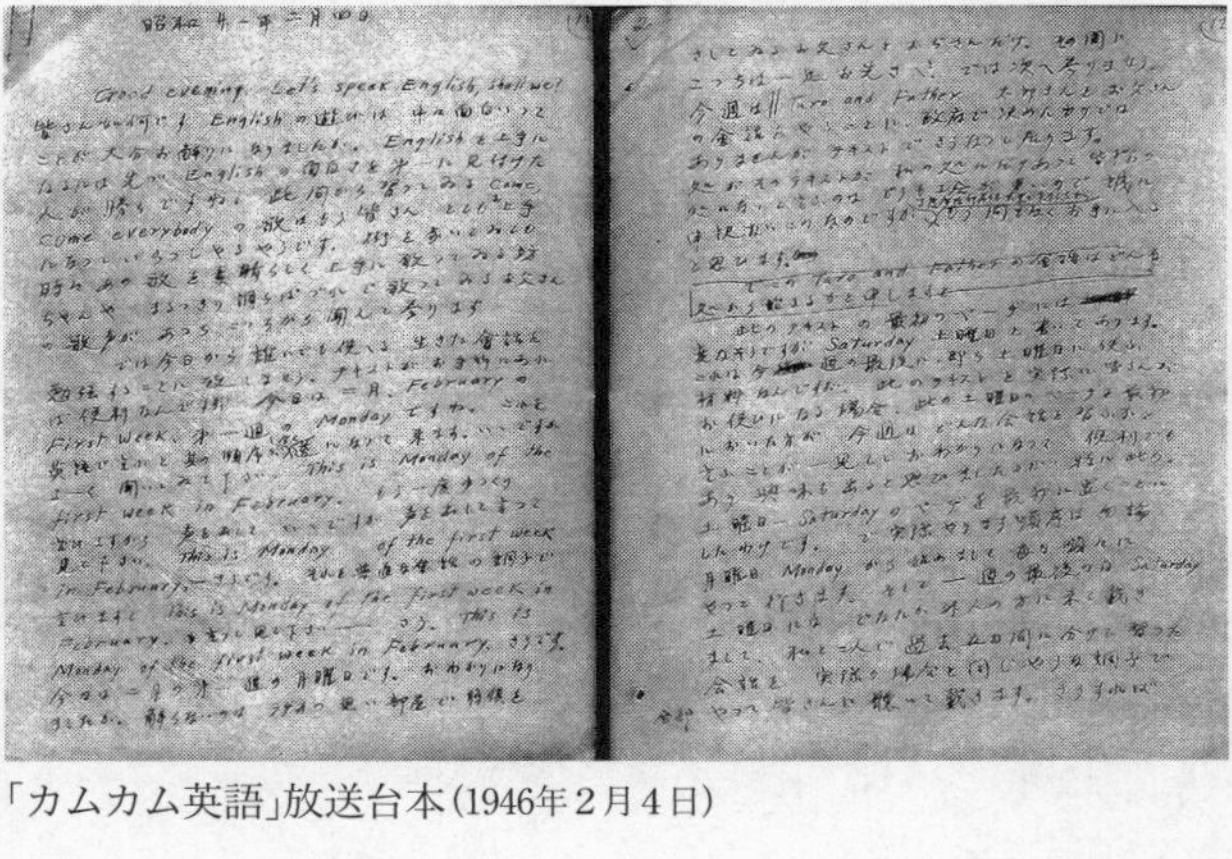

「カムカム英語」放送台本(1946年2月4日)

●ラジオで英語講座をやってみないか●

昭和二十年（一九四五年）九月三十日、みずからの意志でNHKを退職し、唯一《ただいち》は無職になります。いまのように多くの放送局がなかったため、アナウンサーとしてのキャリアを活かす場所もありません。

そんな唯一《ただいち》のもとに、一人の訪問者がありました。唯一《ただいち》が国際部に在籍していたときの同僚、山崎省吾《せいご》氏です。山崎氏は唯一《ただいち》がNHKを退職したあと、教養番組を担当する部署に異動になっていたのです。

山崎氏に与えられた使命は、単純なハウツーではない英会話番組をつくるということでした。NHKラジオでは、堀英四郎氏の「基礎英語講座」や、杉山ハリス氏と西内正丸氏の「実用英語会話」、さらにはJ・A・サージェント氏の「英語会話」など、すでにいくつかの英語講座が制作されていました。

しかし、どの番組も、内容はハウツーばかりでした。たとえば、道の尋ね方とか、はじめての人との挨拶の仕方、お店でのやりとりなど、いわゆる実生活のほんの一コマを切り取ったような単純な会話が主だったのです。こうしたハウツー英会話は、すぐに種切れになってしまいます。つまり、同じような会話を繰り返して教えるだけですから、どの番組も長続きしません。部内では、もっと新しいプログラムをつくれないかが議論されていました。

そして、その担当者として任命されたのが山崎氏だったのです。担当を言いわたされた山崎氏の頭に真っ先に浮かんだのが、平川唯一《ただいち》でした。私はこのとき、マッカーサーが唯一《ただいち》を推してくれたのではないかと推測しています。

「これまでになかったような英語講座をつくりたい。ぜひ力を貸してもらえないだろうか」

唯一《ただいち》はこの言葉に感謝するばかりでした。同年十一月十六日のよねの日記にはこう記されています。

「山崎氏来訪、好条件にての放送……を依頼される。感謝のみ」

その依頼は唯一《ただいち》にとっては心から歓迎するものであり、感謝以外の何ものでもありません。しかし、感謝の気持ちが大きければ大きいほど、安易な気持ちで引き受けるわけにはいきません。唯一《ただいち》は、返事は保留させてほしいと言いました。

その日から二週間。唯一《ただいち》は一人考えつづけたといいます。

「自分は教育者ではない。英語はしゃべれるけれど、学校の授業のような文法を教えることはできない。はたしてそんな自分が、英語講座など担当してもいいものだろうか。ほんとうにそんな重責が務まるのだろうか」

生真面目な性格の唯一《ただいち》は、何事も適当にすることができません。いったん引き受けたら、それこそ全身全霊で向き合っていきます。相手の期待を裏切るようなことは絶対にしたくない唯一《ただいち》は、自問自答しました。はたして自分にできるのか。できるとしたら、どのようなやりかたならやれるだろうか——具体的なイメージを頭のなかで構築していきました。

これからの時代は、必ず英語力が求められるようになります。実際に、失業者であふれているこの時代でも、英語が話せる人間はいい条件で仕事に就くことができました。しかし、学校で英語教育が進んでも、英語を使いこなせる人間は育っていません。

昭和二十年九月二十三日付の「讀賣報知」（現・読売新聞）に、一人の高校生が投稿した文章が載っています。

「われわれの生活に今日ほど英会話が必要になった時代はない。（中略）しかしながら由来英語が学校教育において相当重要視されておりながら大学を出た人でさえ満足に話せない実情である。話すということが語学の最も初歩であり、会話がその一大重要部門でありながら、今日会話を十分に課している学校はほとんどない。（中略）われわれの生活における英語の重要性ということはその必要部門を変えた。われわれは単に原書を読むばかりでなく十分に話せねばならない。（中略）今までの英語教育に対して深き反省をする時だと思う」

この高校生の問題意識こそが、唯一《ただいち》がこれまで考えてきた英語教育であったのです。放送が始まる前、唯一《ただいち》は講師としての抱負を聞かれて、次のように答えています。

「自分は英語を自然におもしろく大衆化していきたいと考えている。いままでのような狭い範囲の英語ではなくて、これを拡充して家庭内にも採り入れる実用的な面に応用しうる英語にしたい。子供が言葉をごく自然に覚えるように努力を必要としない普及を実現させたい。そのためには今後の放送に英語の唄を採り入れる一方、漫談式にもやってみたいと思っている。学校教育のごとくあくびの出る放送は当然排斥すべきだと思う。一日、二日は唄を教え、その唄を利用して講義を始めるつも

りだ」(「通信文化新報」昭和二十一年一月二十七日)

おそらく、これと同じことを唯一《ただいち》は山崎氏に言い、山崎氏も唯一《ただいち》の考え方を心から理解したのだと思います。そして昭和二十年十一月末、二人は握手を交わし、「カムカム英語」が歩きはじめたのです。

初回放送で唯一が伝えたこと

Good evening. Let's speak English, shall we? I'm delighted to meet you all on the air tonight. And now, みなさん、こんばんは。今日から、みなさんとご一緒に、毎晩この時間に、「英語会話」のお相手をすることになりました。どうぞ、よろしく。

昭和二十一年(一九四六年)二月一日午後六時三十分。ラジオから平川唯一《ただいち》の明るくはっきりとした声が聞こえてきました。テレビのない時代ですから、みんなの楽しみといえば、ラジオから流れてくる音楽や、社会での出来事を伝えるニュースしかありません。この時代、多くの国民に情報が行き届くようにと、GHQも日本政府もラジオの普及に力を入れていたのです。

これまでにも英会話の番組は流されていましたが、これから始まる平川唯一《ただいち》の「英語会話」には、学ぶというより楽しむ雰囲気が醸《かも》し出されていました。そして、なによりも唯一《ただいち》の明るい声が国民の心をとらえたのです。これまでの英会話番組とどう違うのかを、唯一《ただいち》自身が第一回の放送でこう語りかけています。


申し上げるまでもありませんが、この十五分間は、このラジオを通じて、英語会話の実習をなさるみなさまの時間、みなさまご自身の、大事な時間なのであります。そこで、この時間をもっとも充実した、もっともおもしろい、もっとも収穫の多い時間にするために、もちろん私も、できうるかぎりの努力をいたしますが、みなさまのほうでも、お気づきになったこと、よいお考えがありましたら、また、こうしてもらいたいというご希望がありましたら、ぜひお知恵を拝借させていただきたいと思います。

英会話のことでありますが、みなさんは、小さい赤ちゃんが、だんだん、少しずつ話ができるようになる様子を、よく注意して、ご覧になったことがおありでしょうか。

それこそ、何にもわからないで、ただオギャーオギャーという万国語――これだけは、まさに万国語でしょうね。いくらアメリカの赤ちゃんでも、まさか、それを英語に翻訳して I want some milk. なんて泣くわけではありませんからね――、この、一様にオギャーオギャーと泣いていた赤ちゃんが、二、三年もするうちに、だんだんだんだん、いつの間にやら言葉を覚えて、片言交じりの話ができるようになる。

しかも、その言葉を覚える段階といいますか、その様子を見てみますと、それはきわめて自然で、おもしろいんですね。べつに無理するわけでもなければ、とくに努力・勉強するわけでもありません。早く言葉を習って、一つ商売でもしようか、なんていう赤ちゃんはありませんから、そこは悠長なものです。

ところが、大きくなってから、さあ英語を習おう、ということになると、なかなかそう楽にはいかないんですね。非常に勉強し、努力してみても、なかなか物にならない。そうですね。そうしてみると、赤ちゃんには何の努力もなしに、誰にでも例外なくできることが、少国民のみなさんや大人には、できない

「カムカム英語」の生放送中

ということになりますね、はっきり言うと――。これでは、どうも恥ずかしくて、赤ちゃんの前に顔出しができない。赤ちゃんの顔よりも、こっちの顔のほうが赤くなるくらいのものですが、ここはひとつ恥をしのんで、赤ちゃんにその秘訣《ひけつ》を聞いてみましょう。

Won't you please tell us your secret, baby?

そこには、たしかに秘訣がある。すばらしい秘訣がある。誰がやっても、やりさえすれば必ず成功する、秘訣がある。その赤ちゃんの秘訣を実際にそのまま実行しようというのが、今日から始まります、この「英語会話」の時間の行き方であり、特色なのであります。

みなさんが、一人残らず、赤ちゃんに負けないように、英会話にグングン成功していただけるために、ぜひとも実行したいことがあります。赤ちゃんの秘訣――それは、なにも難しいことはありません。ただすべてを、急がずに、無理をしないで、自然に覚えるだけ。一日一日と、新しいことを覚えていけば、それでたくさんなんです。

まず第一に、勉強だとか、苦い顔の努力なんてことはしないことですね。そんなことは、やってみても、続きっこないでしょう。それより、英語というものをおもしろく、やたらにもてあそぶ。これだけです。そして、英語が、みなさんの大好きなおもちゃになったら、もうしめたものです。そうなれば、その使い方が案外早く上手になり、板についてくることは確かです。

第二には、赤ちゃんが、お母さんの口真似をするのと同じように、講師の発音や言葉の調子を真似ていただくことです。これは、実地に声を出してやっていただかないと、うまくいきません。やりさえすれば、九官鳥だってできるんですから、人間にできないことは、絶対にありません。

第三には、なるべく一家庭で少なくとも二人、できれば親子そろって、この時間に参加していただくことです。それは、一人でやる場合よりも、ずっと早く上達するし、お互いに生きた英会話をする機会もできて、非常におもしろいことになります。

第四には、習ったことをそのまま、日常の会話にやたら使うことです。ただ、この場合、恥ずかしいとか、間が悪いとか、いやキザだとかという考えを、まったく捨ててかからないと、みなさんの進歩がグッと遅れます。赤ちゃんの秘訣の中でも、この辺が急所なんですから、これはひとつ、盛大に実行していただきましょう。

第五には、あまり完全な英語をしゃべろうと思って、むやみに考え込まないことですね。なにしろ、言葉というものは生きたものですから、生かして使わないと、会話上手には絶対になれません。ちょっとでも考え込むと、すぐに会話は死んでしまいます。

ですから、実際の場合は、それが片言であろうと、日本語交じりであろうと、そんなことは気にかけないで、とにかく英語のかたちで言葉を返す——これが、非常に大事なことなのです。

もう一度、簡単に申しあげましょう。第一は、苦い顔の努力や勉強はやめて、英語をやたらにもてあそぶこと。第二には、赤ちゃんになったつもりで、講師の発音や言葉の調子を真似ること。第三は、なるべく一家そろって、この英会話の時間に参加していただくこと。第四は、恥ずかしいとか、間が悪いとかいう気持ちを完全に捨てて、習った言葉を家庭で実際に使うこと。第五は、片言でも日本語交じりでもよいから、考え込まないで、とにかく英語の形で会話を運ぶこと。

赤ちゃんの秘訣というのは、たったこれだけのことで、ほかには何もありません。物事の秘訣というものは、何によらず、たとえば宮本武蔵の剣の道にしましても、それはごく簡単なものだそうですが、大事なことは、これを実際に徹底的に実行するということで、これをただ「なぁるほど」と頭で知っただけでは、達人にはなれません。それでできるくらいなら、日本じゅうにいっぱい宮本武蔵ができてしまって、危なくてしょうがない。

そこで、いま申しあげたこの秘訣が、なるべく楽に、なるべくおもしろく、なるべく自然に実行できるようにするために、この講座では、みなさんの日常生活のなかから、生きた会話を持ち出してくることにいたしました。どうか、大いに笑いながら、英語をもてあそんで、どしどし傑作をやっていただきたいと思います。

ですから、この時間で説明を聞いても、よくわからないことは、心配しないで、わかることだけ自分のものにして、それを実際に使っていれば、赤ちゃんと同じように、必ずわかるように、英語が話せるようになりますから、あまり気にしないでやっていただきます。

なにしろ、この英会話の時間は、全国のみなさんと一緒にやる時間なのですから、同じ説明をしましても、ごく初歩の方は、初歩の方だけのことがおわかりになるし、また、相当英語をおやりになった方は、またそれだけ進んだ点について、ハハァとおわかりになることがあると思います。

それは、ちょうど親が同じようなことを話していても、十になる子供と五つになる子供では、理解の点がだいぶ違います。これはまた、当然違ってよいので、同じことを聞いていても、その実力の進歩に従って、だんだんだんだん、深いところや細かいところがわかるようになります。

そういうわけで、この講座では、とくに初歩の方とか、大学出の方とかいう区別は、全然つけないで、どなたでも使う、生きた会話を題材として、毎日やっていきますから、聞く方の実力がどんなに違っていても、その実力に相当しただけの収穫を得ていただけると思います。（中略）

では、もう、ぼつぼつお時間がまいったようです。

Well, until tomorrow night then, this is Hirakawa saying "Good night, everyone."

　これが、初回放送の十五分のメッセージです。聴取者は、とても楽しく英語を学ぶことができるような気持ちになります。いかにも自然に話す唯一《ただいち》ですが、この十五分には唯一《ただいち》の信念や思いが込められていました。初回の放送で、唯一《ただいち》はこの講座の方向性のすべてを知ってもらおうとしていたのです。その言葉は、時間をかけて考え抜いたものでした。

●英会話上達の五つの方法●

　山崎氏から誘いを受け、いったいどのようにして英会話を教えればいいのだろうかと悩んでいたとき、唯一《ただいち》はアメリカでの自分自身の経験を思い出したのです。

「ふと目に浮かんだのが、かわいらしい赤ちゃんの顔でした。そうだ、何にも知らないはずの赤ちゃんが、三歳にもなるとたいていの言葉はしゃべれるようになる。しかも、赤ちゃんは字引きも引かないで、たいていの言葉の意味を理解するようになる。これこそいちばん無理のない、しかも誰にでもできるやり方にちがいない。

（中略）どんな赤ちゃんでも一見ポカーンとしているようですが、じつはどうして、側の人がしゃべる言葉に対して、非常に旺盛な好奇心を働かせていること、その証拠にははじめて聞く言葉でも、何の説明もなしにあたりの様子や話す人の表情や調子から判断して、その意味を驚くほど的確に理解できるらしい。

もうひとつ、赤ちゃんは自分のおしゃべりがカタコトでも、まちがっていても、いっこうに遠慮したり照れたりしませんね。あれなんです。あれが大人にもできれば、英語の進歩は目に見えて早くなる」（NHKラジオ「人生読本カムカム半世紀」）

言葉を覚えるときは、まず真似をすることから始まります。赤ちゃんが母親の口癖を真似るように、はじめはおうむ返しから始まるのです。それが言葉を習得するうえでもっとも効率的であり、いちばん確かな方法です。唯一《ただいち》自身、その経験をアメリカで積んできました。

唯一《ただいち》は第一回の放送のなかで、英会話が上達する五つの方法を紹介しています。

「第一に、勉強だとか、苦い顔の努力なんてことはしないこと」

ねじり鉢巻をして英語を勉強していても長続きしません。受験生なら別ですが、苦行みたいなことをするより、英語をおもしろがってもてあそぶことです。英語がみなさんの玩具になれば、それこそしめたものです。

「第二には、赤ちゃんが、お母さんの口真似をするのと同じように、講師の発音や言葉の調子を真似ていただくこと」

口真似こそが英会話習得の近道です。これは、唯一《ただいち》の英語力が相当に高かったから言えたことでしょう。日本にいて教科書から学んだ会話ではなく、実際にアメリカで暮らしながら身につけた、いわゆるネイティブな発音ができる自信があったからこそ、こうした指導ができたのだと思います。ワシントン州立大学で学び、さらにハリウッド時代に習得した発音と発声法によって、自信をもって教えることができたのです。

「第三には、なるべく一家庭で少なくとも二人、できれば親子そろって、この時間に参加していただくこと」

この提案が見事に当たりました。たしかに、一人きりでラジオに向き合っていると、どうしても「勉強」のような気分になります。しかし、家族みんなで聞いていれば、一緒に発音してみたり、子供が父親の発音を直したりという場面もでき、そこには楽しい空気が生まれます。

誰かと一緒に聞くという提案は、それまでの英会話教室にはまったくなかったものでした。楽しい時間をともに過ごすことこそが、唯一《ただいち》のいちばん大切にしていたことだったのです。

「第四には、習ったことをそのまま、日常の会話にやたら使うこと」

日本人には恥ずかしがりやで引っ込み思案な人が多く、それは日本人の美しさでもありますが、こと英会話習得のためにはマイナスになります。少々発音が悪くても、まちがっていても大丈夫なので、恥ずかしがらずに、覚えたばかりの言葉を試してみることが大切です。恥ずかしいだとか、キザだとか、そんな考え方を捨てることが英会話上達の急所だと唯一《ただいち》は言っています。

私も学生時代には、電車でアメリカ人を見つけると、積極的に話しかけていたものです。それがきっかけで親しくなり、自宅にまで遊びに行ってケーキをご馳走になったこともありました。これが英語上達のなによりの方法であることを唯一《ただいち》は伝えていたのです。

「第五には、あまり完全な英語をしゃべろうと思って、むやみに考え込まないこと」

言葉は生き物です。そして、会話とは相手との言葉のキャッチボールです。せっかく相手が言葉を投げてくれたのに、考えてばかりで投げ返さなければ、そこに会話は生まれません。正しいとかまちがっているとか、そんなことは二の次でいいのです。まちがっていれば直せばいいし、全部英語で話せないなら日本語交じりでもいい、と唯一《ただいち》は言います。

ともかく英会話という壁を低くしようと唯一《ただいち》は考え、入り口の壁を低くし、英語を楽しめるにはどのようにすればいいのか、毎日飽きさせないようにするにはどうすればいいのかの答えを見つけるべく、日々、試行錯誤していたのです。

そして、唯一《ただいち》が導き出した答えは、「日本人の日常生活を素材にして、そこから生きた英会話を持ち出してくる」ということだったのです。

テーマソングの披露

唯一《ただいち》の番組は、「証城寺の狸囃子」のメロディにのせた英語の歌から始まります。これまで、テーマソングを使う英語番組はありませんでした。

「Come, come, everybody」で始まるこのテーマソングは、聴取者が増えるとともに、全国へと広がっていきました。幼い子供のあいだにも瞬く間に広がり、ある幼稚園の入園式では、全員が「カムカム」の歌を歌えたそうです。また、デビュー前の美空ひばりさんは、地元の劇場で歌謡曲とともに、これを歌ったといいます。

このテーマソングは、二月二日の放送二回目で紹介されました。

Good evening. Let's speak English, shall we?

さあ、お父さんも新聞を読むのをやめて、お母さんもお皿を洗うのはちょっとあとにして、坊ちゃんもお嬢さんもお兄さんもお姉さんも、みんないらっしゃい。

Come, come, everybody.

さあ歌いましょう。みんなで。しっかりと一人で歌えるように英語の歌を習いましょう。この歌を歌っているうちに、知らず知らず英語の発音ができるようになり、だんだんと英語の基本が誰にでもわかってくるのですから。おもしろくおかしく大きな声で歌って戴きましょう。

では、ゆうべ停電や何かの都合でこの時間をお聞きにならなかった方のために、もう一ぺん言葉をゆっくりと言いますから、英語で書ける方は英語で、できない方は片仮名でもなんでもよろしいから書き取っていただきます。よろしいですか。

最初に、Come, come, everybody. もう一度、Come, come, everybody. everybody のスペリングはEVERYBODYですね。次がHow do you do これは英語をやる方がたいていいちばん先に習う言葉で「こんにちは」という挨拶ですね。

How do you do の次が、and how are you? です。これも「いかがですか」という挨拶の言葉ですね。もう一ぺん how are you?

このようにして、唯一《ただいち》は聴取者を巻き込んでいったのです。ラジオで話す人間と、それを聞く人間のあいだには、少なからず壁がありました。その壁を、唯一《ただいち》は取り払ったのです。ともに同じ時間を過ごしているのだから、そこに壁などがあってはいけません。唯一《ただいち》が大切にしていたのは、そんな一体感なのだと思います。

当時はすべて生放送です。録音技術が成熟していないうえに、それはとても高価な手段だったため、ラジオ番組のほとんどは生放送でつくられていたのです。

ですから、テーマソングも生で歌われることになりました。このとき、ピアノ伴奏をした瀧田静子は、妻のよねの二番目の妹、つまり唯一《ただいち》の義理の妹です。静子は当時、東京音楽学校（現・東京藝術大学音楽学部）を卒業して音楽の先生をしていました。プロとして活動していたわけではないので、きっと唯一《ただいち》に頼まれて助っ人として演奏したのでしょう。そして、歌を歌ったのは東京放送児童合唱団の子供たちです。

「カムカム英語」の放送は毎日ですから、静子も合唱団の子供たちも、毎日通わなくてはなりません。それは大変な労力だったと思います。このテーマソングの録音盤（レコード）が製作されたのは、放送が始まってからおよそ一カ月後のことでした。

テーマソングの原曲となった童謡「証城寺の狸囃子」は、千葉県木更津市の浄土真宗本願寺派證誠寺に言い伝えられた物語をもとに、野口雨情《うじょう》氏が作詞し、中山晋平氏が作曲したものです。

唯一《ただいち》はこの曲に英語の詩をつけて、「英語会話」のテーマソングにしようと思い立ったとき、曲を使う許可を得るため、日本放送協会に勤めていた中山晋平氏の息子さんに取り次いでもらいました。

残念ながら、唯一《ただいち》は中山氏本人には会えませんでしたが、中山氏から、「お役に立つならどうぞ」と、著作権使用料もなしで使用の了解を得ることができたのです。

では、どうして唯一《ただいち》はこの曲を選んだのでしょうか。

アメリカには童謡といえる音楽は少なく、大人も子供も一緒になって楽しめる音楽がほとんどありませんでした。長くアメリカで暮らしていた唯一《ただいち》が、日本に帰ってきてこの曲を聴いたとき、心から楽しさが湧き上がってきたといいます。

唯一《ただいち》は、いかにも日本的で、しかも明るく楽しい「証城寺の狸囃子」という曲が大好きになったのです。後年になって、どうしてあの曲を選択したのかとインタビューで聞かれた唯一《ただいち》は、このように答えています。

「私がこの仕事を始めたころはまだ終戦後数カ月のことで、日本人は大きな声で歌える歌を一つももっていないという状態でした。いわゆる戦後の虚脱状態の真っ只中で、『リンゴの唄』というなんとも言えない感傷的で退廃的な歌がはやっていました。そんな空気をなんとか明朗にしたい。戦後の日本を明るくしたい。そんな思いが強かったのです。カムカム英語を通して、私は日本を明るくしたかったのです」

「リンゴの唄」というのは、昭和二十年十月に戦後初の松竹映画「そよ風」の主題歌として誕生した歌です。当時の日本人は、この歌を明るいものとしてとらえ、みんなが口ずさんでいました。

しかし、唯一《ただいち》は、この曲は退廃的で暗いものと感じたのです。この感性は、アメリカで暮らしていた唯一《ただいち》だからこそのものでしょう。そして、唯一《ただいち》の「日本を明るくしたい」という思いと独特の感性をもって、「カムカム英語」が産声をあげたのです。

家族の風景を描き出したテキスト

毎日、放送される十五分間の「英語会話」には、テキストがなくてはなりません。NHKにはそれまでに放送された英会話講座のテキストが残されていたはずですが、唯一《ただいち》はいっさい目を向けませんでした。

放送される「カムカム英語」のすべてのテキストを、みずからオリジナルで作成したのです。毎日テキストを書き下ろすのですから、それは大変な作業であったと思います。

唯一《ただいち》のつくるテキストは、すべて日本の家族の会話で構成されています。たとえば、第一週のテーマは「Taro and Father（太郎と父）」で、二月四日の放送は、次のようなものでした。

これは太郎さんとお父さんの会話ですが、この会話の時間は朝ですね。そして、この会話は、みなさんのご家庭で毎朝、実際に使っていただける会話だと思います。

太郎さんはもう起きる時間なのに、まだお二階で寝ている。それをお父さんが下から呼んでいます。

Taro! Taro!——これだけは英語でも日本語でも同じことで、Taroをまさか訳する訳にもまいりませんから、やはりTaroですね。すると、太郎さんの返事——Yes, Dad.（デェッドゥ）言ってみてください。そうです。Yes, Dad.（もう一度）そうです。

Yesは、これはどなたでもできる発音ですね。ただ、Dadというのがちょっと難しいようです。これがダッドにならないように、Dad, dad... [æ]、この[æ]が最初はちょっとできにくいものですが、この音はぜひできないと英語になりません。ダッドではまずいので、これは必ずデェッドゥ（言ってみてください）。そうです。ダッドでなくって、Dad. そうです。Yes, Dad. そうです。この場合、

Dadの［d］という音を、また日本語のドのように強くはっきり言ってはまずいので、この音は日本語のドにならないように、軽く、できるだけ軽くDad. ダッド――でなくてDad, dad. Yes, Dad. そうそうそうです。

では、次にお父さん――Father ――Aren't you up yet? 最初がAren't、次がyou、一字一字の発音をする場合はAren't、Youですが、実際にこれを続けて会話で言う場合にはAren't you（アーンチュー）となります。

これは日本語でもよくありますね。「私は近藤というものですが」というのを田舎のおじいさんなんかですと、「わしあ近藤ちうもんじゃが」というふうになりますね。

じゃあ、やってみてください。Aren't you up yet?――まだ起きていないのか。Aren't you up yet? ハイ。Aren't you up yet? そうです。これには難しい発音の字はありませんね。

ではその次、太郎さん――No, I am still in bed. いいえ、私はまだベッドの中にいます。というのは、まだ寝ていますということですね。

ここに、No いいえ、という字がありますが、この字を正確に言っている人がわりあいに少ないんです。日本語でこの字を仮名書きにする場合には、たいていノーとノにボーを引っ張ったり、ノウと書いたりしますが、これはどちらもほんとうではないので、これを発音どおりに仮名で書こうと思えば、ノを大きく書いてそれに小さいウをくっつける、ノゥ、これでいいんです。ですから、ノーでもなければ、ノウでもなく、No. ご一緒に、No. No. そうです。

外人には、このNoといったときの発音の癖があるものですから、これで日本語を話すときに、その癖がよく出てくるのを、みなさん、よくお聞きになったことがあると思います。

たとえば、アナタノゥ　ハナノゥ　シタニ　ミヅノゥ　タマガ　アリマス。

といった調子ですね。

日本語ではこのノゥが変に聞こえますが、反対に英語では、この音でないと変なふうに聞こえるんです。ですから、イーエは、必ずNo.と言うことを忘れないようにしてください。

もう一ぺん、ご一緒に。No, I am still in bed.（ノゥ　アイム　スティリン　ベッドゥ）もう一度、No, I am still in bed. これを会話で実際に言うときの調子は、No, I am still in bed. No, I am still in bed. この強く弱く、また、高く低く言う調子をよーく身につけてください。

では、もう一ぺん。No, I am still in bed. ——No, I am still in bed.——そうです。これを聞いたFatherは、何と言うんでしょうか。言うことを少しでも考えていてはいけないんでしたね。そこで、お父さんはすぐに、Then, you had better get up. と言いました。おわかりですか。ちょっとわかりにくいですね。そう早口に言われちゃ。

では、先にゆっくり言ってみましょう。ご一緒に、Then,—you—had—better—get—up. それを続けて——Then, you had better get up. ハイーそうですね。それを普通の会話の調子で言いますと、Then, you had better get up. その意味は、じゃあもう起きたほうがいいよ。あるいは、じゃあもう起きるんだよ、ということです。

では、ご一緒に、Then, you had better get up.（ゼン ユーヘッ ベラー ゲラップ）——もう一度。Then, you had better get up. ——そうですね。

ここに使ってある you had better という型は、ごく軽い命令になりますが、これはよく使われる型ですから、これをいろいろなときに活用していただきましょう。たとえば、もう寝なさいというときには、You had better go to bed. となりますし、勉強しなさいという場合には、You had better study. となるわけです。

では、最初から、そこまで会話式に言ってみますから、ヨーク聞いていてください。そして、あとから、そのとおりにみなさんどうしで何べんでもやってみてください。

一人二役で申し訳ありませんが、最初にお父さん。

F：Taro! Taro!
T：Yes, Dad.
F：Aren't you up yet?
T：No, I am still in bed.
F：Then, you had better get up.

もう一度やってみましょう。

T : Then here I come. （太郎ーヂャおーきよつと）
ゼン　ヒア　アイ　カム
ゼン　ヘア　アイ　カム

F : That's the boy, Taro. （父ーヨーシ，偉いぞ）
ザッツ　ザ　ボーイ　タロー
ザェツ　ザ　ボーイ　タロー

T : Where is the ball? （太郎ーボール何處）
ホエア　イズ　ザ　ボール
ホェア　ズ　ザ　ボール

F : The ball? What ball? （父ーボール，ボールつて何だ）
ザ　ボール　ホアット　ボール
ザ　ボール　ホァッ　ボール

T : Why, the ball to play with. （太郎ー持つて遊ぶボール）
ホアイ　ザ　ボール　ツー　プレイ　ウィズ
ホァイ　ザ　ボール　ツ　プレイ　ウィズ

F : Oh! The ball, what about it? （父ーアー，ボールか，
オー　ザ　ボール　ホアット　アバウト　イット
オウ　ザ　ボール　ホァ　ラバウレッ
それがどうしたの）

T : You said you'd play with me this morning. （太郎ー今
ユー　セッド　ユード　プレイ　ウイズ　ミー　ジス　モーニング
ユー　セッド　ユード　プレイ　ウィズ　ミー　ジス　モーニング
朝遊んでくれるつて言つたぢやないの）

F : All right, all right. But first you go and
オール　ライト　オール　ライト　バット　フアースト　ユー　ゴー　エンド
オー　ライト　オー　ライト　バッ　フェースト　ユ　ゴウ　エン
brush your teeth. （父ーヨシ，ヨシ，だがまあ先きに歯を磨い
ブラッシユーア　ティース
ブラッシ　ユア　ティース
ておいで）

TARO AND FATHER (太郎と父)

Father : Taro! Taro! (父ー太郎, 太郎)
タロウ タロウ
タロー タロー

Taro : Yes, Dad. (太郎ーハーイ)
イエス ダッド
イェス ダェッド

F : Aren't you up yet? (父ーまだ起きてゐないのか)
アーンチュー アップ イェット
アーン チュ アップ イェット

T : No, I am still in bed. (太郎ーエー, まだ寝てるの)
ノー アイ アム スティル イン ベッド
ノウ アイ エム スティル イン ベッド

F : Then you had better get up. (父ーヂャ, もう起きなさい)
ゼン ユー ハッド ベター ゲット アップ
ゼン ユー ハェッ ベラ ゲラップ

T : It is so cold! (太郎ーさむいなあ)
イット イズ ソー コールド
イリズ ソウ コウルド

F : Hurry, or you'll be late. (父ー早くしないとおそくなるよ)
ハリー オア ユール ビー レイト
ハリー オア ユール ビ レイト

T : What time is it, Dad? (太郎ーいま何時)
ホアット タイム イズ イット ダッド
ホァッ タイム イゼッ ダェッド

F : It's six-thirty. (父ー六時半だよ)
イッツ シックスサーテー
イツ スィックスソェーリー

F：Well, good morning, Taro! You are fast. Now, get
ウェル グッド モーニング タロー ユー アー フアスト ナウ ゲット
ウェル グッ モーニン タロー ユー ア ファースト ナウ ゲッ

ready for the radio exercise. One, two, three,
レディ フォア ザ レディオ エキシアサイズ ワン ツー スリー
レディ フォ ザ レディオ エキシャサイズ ワン ツー スリー

four, five, six, seven, eight. （父―ヨー, お早よう早い
フォア ファイヴ シックス セヴン エイト
フォー ファイヴ スィクス セヴン エイト

ね太郎。サア、ラジオ體操の用意だ。一, 二, 三, 四, 五, 六, 七, 八）

◉昭和21年２月発行のＮＨＫラジオテキスト『英語会話』の内容を掲載している。ただし、カタカナ表記の下欄は、昭和36年２月発行のテキスト『生きた英会話 第一巻』(平川唯一著、カムカムセンター発行、初版：昭和33年発行）のもの。下欄のほうがネイティブの発音により近い表記になっている。

◉P178、P181の「That's the boy」は、現代では「That's a good boy」がよく使われる。

T: And wash my face? (太郎ーそして顔洗つて)
エンド ワシ マイ フェイス
エン ワシ マイ フエイス

F: That's the boy! (父ーさうだ,さうだ)
ザッツ ザ ボーイ
ザェツ ザ ボーイ

T: Where is my tooth brush? (太郎ー僕の歯ブラシ何處)
ホェア イズ マイ ツース ブラシ
ホェア ズ マイ トゥースブラッシ

F: It's on the top shelf. (父ー一番上の棚にあるだろう)
イッツ オン ザ タップ シェルフ
イツ オン ザ タップ シェルフ

T: I got it! (太郎ーあつた,あつた)
アイ ゴット イット
アイ ガ レッ

F: When you are through, turn on the radio, will you?
ホエン ユー アー スルー ターン オン ザ レデイオ ウイル ユー
ホェン ユ ア スルー トェーノン ザ レディオ ウィ リュー
(父ーすんだらラジオのスイッチを入れてね)

T: OK, Dad. (太郎ーハーイ)
オーケー ダッド
オウケイ ダェッド

F: It's about time for the radio exercise. (父ーもう
イッツ アバウト タイム フォア ザ レディオ エキシアサイズ
イツ アバウッ タイム フォ ザ レディオ エキシャサイズ
ぼつぼつラジオ體操の時間だらう)

T: Here I am. Good morning, Dad. (太郎ーさあ出来たつ
ヒア アイ アム グッド モーニング ダッド
ヘア アイ エム グッ モーニン ダェット
と。お父さんお早やう)

――繰り返し――

おわかりになりましたか。では、早速、これを実際に使って、できるだけ英語でやっつけてみてください。きっとおもしろい傑作が出てくるでしょう。お寝坊の太郎さんは、この次どうするでしょう。

ほんとうに、どこにでもある家族の朝の光景です。このテキストを読んだだけで、誰もがその光景を簡単に想像することができたでしょう。

やさしい単語を駆使して相手に伝える

「花子と父」では、二人が草花を植えるやりとりをしながら、二週間前に疎開先から帰ってきた叔父さんと叔母さんのことを話題にしています。「太郎と母」では、当時の少年たちのあいだで急速に人気が高まっていたベースボールが出てきますし、「かるた会」の項目では、日本の冬の室内遊びでもっとも一般的だったものが取り上げられています。

どの素材をとっても日本人になじみ深いもので、会話も、どの家庭でもなされているようなものばかりです。こうした身近な題材だからこそ、英語も身近なものになる、と唯一《ただいち》は考えていたのでしょう。

もしもこれがアメリカの家庭を描いていたとしたら、日本人にはわかりにくい光景が出てくるはずです。会話一つとってみても、アメリカ人の会話と、日本人の会話では根本的に違うところがあるでしょう。返事のしかたも違ったりするのですから、なかなか頭の中にすっと入ってきません。

言葉とは日常生活になじんだものであり、日常の暮らしのなかから自然な会話が生まれてきます。唯一《ただいち》は、その「日常」が大切だと考えていたのです。

実際に唯一《ただいち》がつくっていたテキストを見てみると、非常に簡素な構成ですが、学ぶべきものがしっかりと詰め込まれています。できるかぎりやさしい表現で、どんな世代にも理解することができる。これこそが英会話テキストだ、といっても過言ではないでしょう。

戦後から英語の教科書の編纂などにも従事していた大西雅雄氏は、昭和二十五年

（一九五〇年）に『平川英語の研究』（メトロ出版社）という本を書いています。それによると、唯一《ただいち》がつくったテキスト三〇冊分を分析した結果、テキストで使われている英単語の数は一七二一語で、そのうちの六〇〇語が全体の九〇・八パーセントを占めていました。つまり、日常会話は六〇〇語を使いこなせれば十分だということです。

唯一《ただいち》のテキストに難しい単語は出てきません。簡単な単語や簡単な慣用句をうまく使い分けながら英会話を楽しんでいく。これが「カムカム英語」が支持された大きな要因だったと思います。

これは、唯一《ただいち》がアメリカでの生活で学んだものでした。難しい単語はいくらでもありますが、アメリカの子供たちでさえそんな難しい単語は知りません。また知る必要もないのです。自分が知っているやさしい単語を駆使して、相手に伝えるのが会話というものなのです。

熊本大学の福田昇八教授（当時）は、『カムカム英語』（名著普及会）のなかで、次のように述べています。

「『英語には敬語も男女差も子供語もない』ことを知っていただかねばならない。英語ではThis is a pen. は大人が言っても子供が言っても、This is a pen. であって、他に言い方はない。日本語を使う場合は、誰が誰に言っているかで『これはペンです、だ、よ、だよ、なの、ですわ、でございます』などとなる。日本語は言葉のあやというか情緒も伝えるが、英語は内容だけを伝える。このカラリとした明るさ、これが英語の特質である。（中略）カムカムの話はすべて対話であるが、子供の言葉はそのままで大人の言葉でもある」

英語のもつそうした本質を十分理解していた唯一《ただいち》は、まず日常生活のなかで、ごく普通の人たちが会話できるくらいの英語力をめざしていました。家族どうしで簡単な会話ができれば、道を歩いているアメリカ兵とも話すことができます。

そうして、日本人の庶民とアメリカ兵が話をすることで、きっと心は通い合う。同じ人間どうし、わかりあえないはずはない。そのために必要なもの、心を通わせるために必要なもの、それが言葉です。唯一《ただいち》はきっと、「カムカム英語」を通して、日米の心の架け橋を築こうとしていたのです。

前述の福田教授は、さらにこう述べています。

「カムカム英語は、日本人の家族に英語をしゃべらせることによって両国語の表現の違いを知らせ、同時にアメリカ式民主主義を日本人に教えてくれたのであった。当時のニューヨーク・タイムズ紙が平川唯一氏を評して『マッカーサーについで民主主義を日本によく紹介した人』と書いたそうだが、カムカム英語はそのような教育的成果も収めたのである」（平川唯一『みんなのカムカム英語』毎日新聞社）

●テキストを求める人びと●

放送開始から四日目の二月四日に、テキストを用いた放送が始まりましたが、このとき、テキストをもっているのは講師である唯一《ただいち》だけでした。準備期間が十分ではなかったため、テキストの配布が間に合わなかったのです。

テキストがなければ、放送の内容はなかなか伝わりません。とくに、はじめて英語にふれる人が多かったので、発音一つとっても目で見るものが必要でした。

ちなみに、英語の発音に関していえば、すでに紹介しましたように、唯一《ただいち》はテキストの英語の下にカタカナで発音を表記していました。

たとえば、次のようなかたちです。

Hello《ヘロー》, Uncle《アンクル》.

Well《ウェル》, hello《ヘロー》, Takeo《タケオ》. Come on《カマン》 in《ネン》. It's《イツ》 hot《ハット》, isn't it《イズネット》?

学校で教わる発音記号を使わずに、アメリカ人の話し方に似た発音を、日本人なら誰でもわかるようなカタカナで表記したのです。唯一《ただいち》の発音を真似するときにも、カタカナを読むだけで正しい発音ができるわけです。カタカナ表記については英語教育的には賛否があると思いますが、これによって、より英会話が身近なものになったことはまちがいないと思います。

問題は、テキストが行き渡らないことです。テキストといっても、とても簡素なつくりのものでした。第一号のテキストは、紙質のよくない菊版の用紙に一色で印刷されています。

中綴じを想定してか、一六ページと八ページの計二四ページに折られていますが、断裁も製本もされていません。テキストを買って、自分の手で本のかたちに仕上げなくてはならなかったのです。そんな粗末なテキストでも、聴取者はなんとか手に入れようとしました。

この第一号のテキストは放送から四日目にできあがっていましたが、全国に行き渡るには半月ほどの時間がかかったうえ、十分な部数を提供することはできませんでした。発売日になると、放送会館近くの販売店には長蛇の列ができましたが、並んでいる人たち全員が買い求めることはできません。そんな様子を見て、唯一《ただいち》は忸《じく》怩《じ》たる思いに駆られていたのです。

テキストを求める人は日本じゅうにいましたが、発売できるのは東京や大阪など都市部に限られていました。地方でテキストを手に入れるのは、とても難しかったのです。郵送という手段もありましたが、全国の聴取者に送付できるような体制は整っていませんでした。

真珠王として名高い御木本幸吉氏も、「カムカム英語」を熱心に聞いていたそうですが、三重県ではなかなかテキストを手に入れることができませんでした。電報を使って取り寄せたり、家族の誰かが上京するたびに買ってくるよう言いつけたりして、入手に苦労していたといいます。この話は、後年、唯一《ただいち》が御木本氏の長男でテニス仲間の隆三さんから聞いた話です。

唯一《ただいち》の「英語会話」は、すさまじい勢いで聴取者を増やしていきました。ラジオが普及し、英会話の必要性も肌で感じるようになった時代に登場した、明るく楽しい英会話番組だったのです。講師は、まったく「なまり発音」のない完全な標準英語を話す平川唯一《ただいち》先生。こうしたいろいろな歯車がうまく噛《か》み合って、番組の聴取率はうなぎのぼりに上がっていきました。

番組の聴取率は、昭和二十一年(一九四六年)八月、NHKの調査によれば、二三パーセントでした。テキストの月間販売部数は二〇~三〇万部だったそうです(テキストの月間販売部数について、唯一《ただいち》は、いつごろの時期のことかにはふれていませんが、三〇~五〇万部だったとも言っています)。一人でなく何人かで聴いていた世帯があったであろうことを考慮すれば、数百万人が番組を聴いていたとも推計できますが、当時は深刻な紙不足だったのです。

昭和二十年十月十日、戦時中の出版統制機関である日本出版会に代わり、日本出版協会が設立されました。つまり、出版が政府の手から民間の手に移ったということです。戦時下における出版物はすべて検閲の対象で、政府が監視し、自由な出版活動は許されていませんでした。芸術や文化に関する書物などもなく、人びとは情報と文化に飢えていたのです。

出版文化を庶民のもとに取り戻すことができたという喜びは、日本じゅうに広がります。出版すれば、どんどん本が売れていきます。たとえ食べる物を削っても本を読みたい——それほどに人びとは活字を求めていたのです。

じつは、終戦直後の九月十五日に、『日米会話手帳』（科学教材社）という英会話の本が出版されています。日常的な会話を英語に訳したもので、すぐに使える英語として全国に広がりました。英語が必要になる時代が到来するという空気も手伝い、この本はたちまちベストセラーになったのです。増刷に増刷を重ね、総販売部数は三六〇万部にもなりました。この記録は、三十六年後の昭和五十六年（一九八一年）に、『窓ぎわのトットちゃん』（黒柳徹子著、講談社刊。国内累計発行部数八〇〇万部以上）が出るまで破られることはなかったのです。

こうした背景により、紙不足は深刻でした。出版経営者がリュックサックに紙幣を詰め込んで山村に行き、紙の原料になる木を買ったという話も残されているほどです。

唯一《ただいち》もまた、紙を手に入れるために奔走したようです。あるときには朝日新聞社に乗り込んで交渉し、紙を調達してきたといいます。考えられないような行動力で、唯一《ただいち》はテキストづくりのために奮闘していたようです。

唯一《ただいち》は、とてもおとなしい人でした。どちらかといえば寡黙《かもく》で、人前でべらべらとしゃべったり、積極的に交渉事ができたりするような人ではありません。しかし、目的を達成するためには、考えられないほどの行動力を発揮したのです。朝日新聞社に乗り込んで交渉するような度胸がいったいどこからきたのかといえば、自分がやると決めたことには、いかなる努力も惜しまないという信念があったからだと思います。

また、自分が得をするとか、自分だけの益になるといった動機では行動は起こしませんでした。いつも誰かのことを考え、その人たちのために行動していたのです。テキストづくりに奔走したのも、たくさん売って儲けようという気持ちではなく、ただラジオを聴いてくれている人たち、テキストを心待ちにしてくれている人たちのためでした。

誰かのためだからこそ、精いっぱいに努力をする。まずは自分のまわりの人たちや、自分に期待してくれる人たちをいちばんに考える。唯一《ただいち》はそういう人でした。

自分の父親だから美化するわけではなく、父のそんなやさしい人柄が、ラジオから流れる声を通して人びとに伝わっていたのだと思います。「カムカム英語」が成功したのは、時代背景や講座の進め方だけでなく、父、唯一《ただいち》の人となりが聴く人たちに届いていたからでしょう。

●一日のスケジュール●

前に述べたように、唯一《ただいち》の番組は生放送でした。毎日、NHKに通い、きっかり十五分の講義をするというのは大変なことでした。生放送ですから、やりなおしがききません。日々一発勝負といったところです。毎日の放送を完璧なものにしたいという思いが強い唯一《ただいち》ですから、日々の努力は相当なものだったようです。

当時の唯一《ただいち》のスケジュールが残されています。

放送は夕方六時半からですが、唯一《ただいち》は毎朝七時半には世田谷の自宅を出て放送会館に向かいました。放送会館に着くと、唯一《ただいち》は、五階にある受閲室の一角に用意してもらった机で、その日の放送内容を練り上げる作業に入ります。数時間におよぶ準備を経て、納得がいくまで一人でリハーサルを繰り返し、ようやく本番を迎えるわけです。

いったい、どんな準備をしていたのでしょうか。前日につくった講座内容をどのような進行で読み上げていくか、最初の挨拶から最後の言葉にいたるまで、すべて完璧に頭の中で練り上げていきます。ストップウオッチで時間を計りながら、ぴったり十三分三十秒（一分三十秒はテーマソングとラジオアナウンスに使われた）で収まるように原稿を練り上げていくのです。

聴取者には、唯一《ただいち》のおしゃべりはリズミカルで楽しく、まるで雑談でもしているかのように聞こえていました。きっと「平川先生はとても話がお上手な人なんだ」と思っていたことでしょう。しかし、実際には、唯一《ただいち》の番組は完璧に準備された原稿によって進められていたのです。

原稿をつくるという作業は、まさに映画やドラマのシナリオを書くことと同じです。ワシントン州立大学演劇科で学んだ唯一《ただいち》にとって、それはすでに習得した技術でした。そして、みずからがつくりあげたシナリオを、今度は自分自身が役者として演じていきます。原作を書き、それをシナリオに直し、演者として言葉を発する。

この作業は唯一《ただいち》のキャリアがあってこそ、なせる業であったと思います。

こうして唯一《ただいち》は、毎日、朝から夕方の放送が終わるまでNHKで過ごしていました。このころ、唯一《ただいち》は毎日弁当を二つもってNHKに通っていたといいます。お昼の弁当と、放送が終わってから食べる夕食です。

弁当は妻のよねが毎日つくっていましたが、当時は食料不足の時代です。平川家も決して特別に恵まれているわけではありません。配給が十分でないときなどは、豆や芋、カボチャなどを弁当に詰めてもっていったそうです。ときには、小学生だった長男の壽美雄が、学校からの帰りに父の職場まで弁当を届けることもあったといいます。

その日の放送を終えて自宅に帰っても、ほっとする暇などありません。すぐに次のテキストづくりにとりかからなければならないからです。シナリオを書くとはいっても、原作があるわけではなく、すべて自分の頭の中からひねり出さなくてはなりません。いくら題材が日常生活を扱ったものであるとはいえ、相当な想像力を働かせなくては書けるものではなかったのです。この作業は毎日深夜まで続きました。

二月一日に放送が始まってから約一カ月がたった三月八日。休日をとることなく走りつづけた唯一《ただいち》は、とうとう疲れがたまって風邪を引いてしまいました。生放送ですから、とにかく代わりの講師を立てて、番組に穴をあけないようにしなければなりません。

この日、急遽《きゅうきょ》、唯一《ただいち》の代役を務めたのは、日本放送協会の海外放送時代の部下である五十嵐新次郎氏でした。五十嵐氏は海外留学の経験こそありませんが、文部省（現・文部科学省）がイギリスから招聘した英語教育顧問であるパーマー先生の家に住み込みで書生をしていたこともあり、とても美しいキングズ・イングリッシュを話すことを、唯一《ただいち》は知っていたのです。

このときの放送を、よねはこう評しています。

「平川の特徴をよくとらえた放送でした」

その後、五十嵐氏は早稲田大学の教授となり、テレビ番組「百万人の英語」などにも出演することになります。チョビヒゲと袴《はかま》姿が話題となり、いまでいうところの〝タレント教授〟のはしりといえます。その後も、何度か唯一《ただいち》が寝込むことがありましたが、いずれも五十嵐氏が代役を務めていました。

放送に二回穴をあける

生放送ならではのハプニングはまだあります。四月のある日曜日。この日は放送が予定されていたのですが、どういうわけか、そのスケジュールが届いておらず、休みだと思った唯一《ただいち》は自宅でテキストづくりに励んでいました。

放送局の現場では大騒ぎです。几帳面な平川先生が何の連絡もないまま局に姿を現さない、いったいどうしたのだろうか——まだ家庭に電話が普及していない時代ですから、連絡の取りようがありません。結局、この日は番組に穴をあけ、翌日の放送で唯一《ただいち》は平《ひら》あやまりすることになりました。

そして、番組に穴をあける事件がもう一回起こったのです。

「カムカム英語」がまさに波に乗っていた昭和二十三年（一九四八年）三月三十一日、その日も朝早くから放送局に入った唯一《ただいち》は、いつものように本番に向けて入念な準備をしていました。セルフリハーサルも順調に終え、あとは本番を待つばかりです。

そんなタイミングで、臨時ニュースが飛び込んできました。

ニュースそのものは二分程度の時間でしたが、それは唯一《ただいち》の放送の頭の二分間がニュースにとられることを意味します。十五分の放送時間のうちの二分です。台本のどこかをカットして放送するという方法もあったのですが、唯一《ただいち》にはそういう考え方ができませんでした。二分削るためには、十三分三十秒のシナリオを十一分三十秒用に書きなおさなくてはなりません。適当に削ったり、話をはしょったりすることは、唯一《ただいち》には無理なことでした。

悩んだ末に、唯一《ただいち》はこの日の放送をとりやめる決断をしたのです。唯一《ただいち》はどちらかといえば不器用な人間でした。そして、何事においても真剣に取り組み、真摯な姿勢で臨む人でした。

「仕事はもちろんのこと、自分がやると決めたことは、決して片手間でやってはいけない」

それが唯一《ただいち》の口癖でした。時間の流れに気づかないほど、目の前の仕事に集中する姿を目にしたスタッフは大勢いました。

当時、ＮＨＫで守衛をしていた人の言葉です。

「平川先生のところには、ファンの人たちからたくさん贈り物が届いていました。先生は私たち守衛にも、おすそわけといってお菓子をくれたりしました。みんなうれしくて、平川先生にお礼を言おうと話していました。朝から夕方まで同じ局のなかにいるのだから、いつかはお目にかかれることがあるだろうと思っていました。ところが、結局、平川先生には会えませんでした。平川先生は朝から本番が終わるまで、ずっと部屋に閉じこもって準備をされていたのです」

完璧な準備をして本番に臨むのは、唯一《ただいち》の性格からくるものでしたが、もしも唯《ただ》一《いち》に教育者としての経験があり、教えるということに慣れていたら、あそこまで完璧な準備はしなかったでしょう。臨機応変に講座を進められる自信があれば、そんなに時間をかけなくてもよかったような気がします。

教育者の経験がなく、どちらかといえば不器用で、絶対に片手間で物事に取り組まない唯一《ただいち》の人となりが合わさって「カムカム英語」は多くの人びとに支持されていったのです。

●さまざまなアメリカ文化を紹介したカムカム英語●

唯一《ただいち》の「英語会話」は、あっという間に広がっていきました。英語だけでなく、日本人の多くが知らなかったアメリカ生活とやらを垣間《かいま》見られる番組は、当時、ほかにはなかったからです。

たとえば、放送開始から二カ月後の昭和二十一年四月一日、唯一《ただいち》はアメリカの習慣である「エイプリルフール」を紹介しています。その日の放送を紹介します。

Good evening, everybody. Good evening. Yes, the spring is here, and everybody is happy.

みなさんも英語の赤ちゃんとして生まれてから、ちょうど今日で二カ月目のお誕生日ですね。ほんとうにおめでとう。楽しいお遊びを一日一日と続けているうちに、もう前とは見違えるほど大きくなって、命の入った、血の通った英語が力強く芽を出してきたのを見ると、これから先、美しい花が咲き、青葉が出て立派に実がなるのが、自然と約束されていることがハッキリと感じられて、じつにかぎりなく楽しいじゃありませんか。楽しみながら自然に伸びるってことはこんなに幸福なことなんですね。この幸福を取り逃がさないように全国何百万の仲よし赤ちゃんとガッチリと手をとって、今日もキャッキャッと生きたメダカを追いかけてみましょう。同じメダカを追いかけるんでも、一人で追いかけるよりも大勢で追いかけたほうがきっとたくさんとれるんですからね。
今日は四月一日、April the 1stですね。April the firstこのApril the firstはどんな日か、みなさんご存じですか。ご存じなかったら、いま、ラジオの前にいる英語の赤ちゃんにだけ、ソーッと内緒で話してあげましょうね。この日は、アメリカではApril foolといってね、ウソを言ってもよい日になっているんです。そこで、この日にだけは、お友達やおうちの人どうしで、それはまじめな顔をして大きな大ウソを言ってやるんです。すると相手が本気になって、それを聞いてビックリするのを見ては、手を打って、四月のお馬鹿さん、April foolと言って大笑いをするんです。おもしろいでしょう。これが四月一日、April Fool's Dayなんです。

このような話を盛り込むことで、聴取者たちはアメリカの生活を知ることができます。こむずかしい文化ではなく、ちょっとした日常の習慣を知ることで、アメリカという国への関心はより高まっていったのです。そんな唯一《ただいち》のウィットに富んだ話し方が受けて、聴取者の数はどんどん増えていきました。

ところが、この日から二日後の放送で、唯一《ただいち》は驚くようなことを話します。それは、この放送が四月いっぱいで終了するということです。エイプリルフールを紹介したすぐあとだったので、聴取者には、それがほんとうかウソかわかりませんでした。

じつは、当時のラジオ番組の多くは、三カ月単位でプログラムされていたのです。番組の構成を変えるのか、あるいは講師を変えるのかわかりませんが、いずれにせよ、唯一《ただいち》の「英語会話」も三カ月で終了することになっていたようです。

しかし、たった二カ月でどんどん聴取者の数を伸ばし、日本全国に「カムカム」のテーマソングが浸透していくような、そんな人気番組をすぐにやめられるはずはありません。結局、NHKは期限を設けず、唯一《ただいち》の「英語会話」を続けることを決めたのです。

そして、この夏ごろから、唯一《ただいち》自身、「カムカム英語」という言葉を使っています。これはテーマソングの出だしの歌詞をとったものですが、唯一《ただいち》がそう呼ばなくても、巷《ちまた》ではすっかり「カムカム英語」という言葉が定着していました。聴取者たちは唯《ただ》一《いち》のことを「カムカム先生」とか「カムカムおじさん」と呼んでいたのです。

ＧＨＱがそうした動きを見逃すはずはありません。もともとＧＨＱと唯一《ただいち》との関係は良好で、マッカーサー元帥とも信頼関係が構築されていました。平川唯一《ただいち》という人物と「英語会話」は、ＧＨＱの内部でも広く知られるようになっていたのです。

進駐軍向けの新聞「スターズ・アンド・ストライプス」（星条旗のこと）の昭和二十一年七月二十一日付の紙面には、唯一《ただいち》の「カムカム英語」が大きく取り上げられています。また、アメリカ本土では「ニューヨークタイムス」に掲載されています。

「カムカム英語」を通して、日本人と日本に滞在するアメリカ兵とのあいだにも交流が芽生えていました。この当時のファンレターのなかに、そんな光景が記されたものがあります。

「カムカムの先生様、まいど放送をきいて家の孫がよろこんで歌ったりしていました。先日家の前のドブにジープがおちて、アメリカの兵隊さんが引き上げて手がよごれたので、家の井戸で手をお洗いになりましたとき、孫が近所の子供たちとカムカムを歌ってあげましたら、兵隊さんは一緒にニコニコして踊ってお帰りになりました」

このファンレターには続きがあり、後日、兵隊さんがお孫さんを訪ねてきたそう

ですが、お孫さんは田舎に行っていて会えず、残念そうに帰っていったことが書かれていました。そして、

「先生からどうか英語で孫からのお礼を言っておいてください」

という言葉で締めくくられていたのです。

「カムカム英語」の放送が始まったころ、東京の街にはアメリカ兵があふれていました。小田急電車などはまんなかの一車両を進駐軍専用車両としており、主要駅ではたくさんのアメリカ兵が乗り降りします。そのアメリカ兵を捕まえて、学生たちが積極的に話しかけたりしていました。

カムカムベイビーの一人である、伊藤忠商事元副社長の降旗《ふるはた》健人《たけと》氏も、『未知に満ちた人生での挑戦』（私家版）のなかで、次のように思い出を語っています。

ある時、平川唯一先生が『Come Come 英語』の放送でこんな話をされた。

「皆さん、アメリカ人と友達になって英語を勉強したいなら、先ず、英語のニックネームを付けると良いですよ。日本の名前を言っても直ぐ分からないけれど、英語の名前なら親しみを感じて貰えて会話が弾みますよ」

成程と納得したが、さて、どんな名前があるのか分からない。先ずは神保町の古本屋に行って、英語の小説の古本を1冊買ってきた。そして、本の中に出てくる名前を30程リストアップして、沢山のアメリカ兵が利用する新宿駅へ行った。

（中略）

私は人の良さそうな兵隊さんに英語で声を掛けてみた。

「自分のニックネームを付けたいので推薦して欲しい」

そう言ってリストを見せた。リストを見た彼は先ず、「之は男性と女性の名前が混ざっている」と言って笑った。当時はそんな事も分からなかったのだ。彼は親切にも、男性の名前にチェックを入れてくれて、やがて、電車が来ると乗って行ってしまった。

次の電車を待っていると、又兵隊さんがやって来た。その中で笑顔の人に、「チェックしてある男性名の中から良い名前を選んでくれ」と頼んだら、聖書の中に出てくる良い名前は之と之……と言って5つ程選んでくれた。

その中にMikeがあり、私はMikeと云う名前にピンときた。

当時は洋画ブームで、有名なハリウッド映画が沢山上映されていた。その中で私が一番感銘を受けたのが、（中略）「Gone with the Wind（風と共に去りぬ）」だった。

（中略）この映画の原作を書いたのがMargaret Mitchellと云う作家だと知った。

此処で私の無知が働く……RobertはBob、TomasはTom、WilliamはBillと愛称が変わる様に、Mitchellの愛称がMikeだと勘違いした。

（中略）そして、5つ残っていた候補名から、私は大好きな映画の原作者であるMitchellにあやかる様にMikeを選んだ。だが、MikeはMitchellではなく、Michael（大天使ミカエル）の愛称だったと後に判明し、後悔したが後の祭りだった。


このように「カムカム英語」を通して、日本人とアメリカの人たちがちょっとした会話を交わす。会話としてはたわいのないものかもしれませんが、そこには心の交流が生まれはじめていたのです。

母の日、感謝祭、そしてクリスマス

アメリカの文化として、唯一《ただいち》は四月のエイプリルフールに続き、五月には「母の日」も取り上げました。昭和二十一年五月十一日の放送では、こんな話をしています。

明日の日曜日はどんな日かご存じですか。明日は五月の第二日曜日でしょう。この日をアメリカではMother's Day（母の日）といって、お母さんに心から感謝をすると同時に、お母さんに心のこもった贈り物をしたり、お母さんを慰める催物をしたり、また、遠方へ行っている子供は必ずお母さんにお手紙を書いて、その温かく深いご恩に心からお礼を言う日になっているんですよ。ほんとうに美しい、よい習慣ですね。

また、昭和二十一年十一月二十八日の放送で、アメリカの感謝祭について紹介しています。これは、アメリカという国の成り立ちを知るうえでも大切なことであり、アメリカ文化を理解するためには必要だと考えたのでしょう。

今日は十一月の最後の木曜日で、この日はアメリカでは、Thanksgiving Day すなわち感謝祭の日と決められています。それは、アメリカの最初の開拓者たちが英国から渡ってきて、いまの私たちの生活より、もっともっと不足がちな、苦しい生活をしながらも、この新天地にはじめて迎えた実りの秋の感謝を、心から神にささげたいというので、この十一月の最後の木曜日に、開拓村が総出になって、同じ心で、厚い感謝の祈りをささげてから、ありあわせのものをいろいろと工夫して、貧しいながらも、ほんとうに楽しいごちそうをつくって、お祝いしたのが始まりなのです。

こうして、貧しいなかにも、決して自分の努力を誇るのではなく、ただ感謝と希望を、生き生きと胸に抱いていた人たちが、今日のアメリカをつくりあげる立派な土台になったことを思うと、いま新しく、輝かしい平和日本を打ち立てるために、努力しておいでになるみなさんのお気持ちと、よく似ているように思われるんです。この開拓者をもったアメリカが、幸福であったように、同じ心のみなさんをもつ日本は、きっと幸福な、輝かしい将来をもっていることを信じています。やりましょう。今日の、いまを、張りきって生かしていらっしゃるみなさんには、必ず生きがいのある明日が約束されているんですから。

唯一《ただいち》がこの感謝祭の話を通じて伝えたかったのは、「いまでは繁栄しているアメリカという国でさえ、はじめは大変な苦労があり、いまのアメリカは一日でなったわけではない。だから、必ずや日本も敗戦から立ち直り、繁栄する」ということです。まさに、日本国民を元気づけるメッセージが込められていたのです。

そして、十二月になると、盛んにクリスマスの紹介をしています。アメリカにおけるクリスマスは、一年でもっとも大切な日です。日本でもクリスマスという言葉を知っている人は多くいましたが、実際にどのような日なのかは知られていませんでした。といっても、難しい宗教の話をしたわけではありません。

まず、十二月二日に、次のような話をしました。

Good evening, everybody. Good evening.

みなさん、今年ももう十二月になりましたね。アメリカですと、もうぼつぼつ忙しいクリスマスシーズンがやってまいります。方々でクリスマスに上演する劇の練習も始まるし、サンタクロースのおじさんはみんなを喜ばせるために、心のこもったクリスマスの贈り物の用意に夜遅くまで一生懸命、知恵をしぼっているときです。

二十日には、唯一《ただいち》は番組のなかでクリスマスソングを紹介しています。いまや誰もが知っている「Silent Night（聖しこの夜）」です。レコードをかけて、聴取者にこう呼びかけました。

ヘタですが、私が歌いますから、みなさんも一緒について歌ってください。

もしかすると、ほとんどの人にとって、はじめて耳にする曲だったかもしれません。この美しいメロディを聞きながら、多くの聴取者たちは異国の香りを感じていたことでしょう。唯一《ただいち》自身が敬虔《けいけん》なクリスチャンだから、感謝祭やクリスマスの話題を提供したわけではありません。日本人にアメリカ文化を伝えるために必要だと考えてのことだったのです。

ちなみに、唯一《ただいち》は、自分がクリスチャンであることを隠そうとはしませんでした。

また、家族にクリスチャンになることを強要もしませんでした。実際、妻のよねはクリスチャンではありませんし、四人の子供で洗礼を受けたのは長男だけです。自分自身はキリスト教を信仰しているけれど、ほかの人がどのような宗教を信仰していても、それはまったく関係のないことでした。

宗教心とは、ただ自分自身のなかで大切にするものです。宗教の基はみな同じ、と私にはよく言っていました。

宗教が違うからといって、排除したり、争ったりせず、互いに認め合い、敬意を忘れない——唯一《ただいち》の心のなかには、そんな信念があったのだと思います。

●「私の人生の大きな宝物」——ペギー葉山●

ところで、このクリスマス紹介のプログラムには後日談があります。

はじめて番組でクリスマスを紹介してから七年後、昭和二十八年（一九五三年）のクリスマスの三日前に、唯一《ただいち》は聴取者に、

「今度のクリスマスには、みなさんにすてきなプレゼントがあります」

と伝え、今年二十歳になること、歌手であることなどをヒントとして出しました。

そして、番組に登場したのがペギー葉山さんでした。ペギー葉山さんといえば、当時の日本を代表するジャズシンガーです。昭和三十四年（一九五九年）には「南国土佐を後にして」という曲が大ヒットし、一世を風靡しました。そのペギーさんがゲストとして訪れ、一緒に「ホワイト・クリスマス」をラジオの前のみんなに歌ってくれたのです。これはうれしいサプライズでした。

唯一《ただいち》とペギー葉山さんのつきあいはどのようにして生まれたのでしょうか。日本だけでなく、アメリカでも歌ってみたいという夢をもっていたペギーさんは、「カムカム英語」の熱心な生徒でした。英語を身につけて世界の舞台に立つというのがペギーさんの目標だったのです。

その思いが、唯一《ただいち》との縁につながりました。音楽家ではありませんが、メロディに合わせて作詞をすることがとても上手だった唯一《ただいち》は、「南国土佐を後にして」を英語に翻訳してあげたのです。それはアメリカのハリウッド時代に、自然に身についた力だったのでしょう。

のちにペギー葉山さんは、「サンデー毎日」（昭和四十七年八月二十九日号）に次のような文章を載せています。

（中略）私はこの番組で習った英会話を活用する事によって一つの人生を開いたといっても過言ではありません。前の晩のテキストで覚えた英会話を翌日岩下さん（ロサンゼルス生まれの友人）に話しかける、彼女が答えてくれる。「ああ、私の英語が通じて会話が出来た」という喜び‼（中略）進駐軍専用車に私はそ知らぬ顔で乗り込むと、アメリカ人と会話を試みるという冒険までやってのけたのです。

もう一つ、一九九五年にカムカムファンクラブが編纂した「Uncle Come Come の思い出」という冊子に、ペギー葉山さんが唯一《ただいち》の思い出として寄稿した、「私の宝物」という文章を紹介しておきます。

〝これからは英語の時代！　英語を話せなくちゃ、このテキストが楽しそうだよ〟

会社帰りの父が駅の売店（KIOSK）で買ってきてくれたテキストが私と平川先

生のカムカム英語との出会いでした。戦争と云う暗黒なトンネルから、やっと抜け出した昭和二十一年の事です。私の宝物とも云える、古びて赤茶けたテキストの頁を拡げると、夕方六時の時報と共に聞こえて来た「カムカム　エブリボディ」の歌声が、平川先生の、あの歯切れの良い流れる様な英語が聞こえて来ます。歌手になった私は平川先生との御縁で本当に親しくさせていただき、あの『南国土佐を後にして』を『マイ、ホーム、トサ』と英訳して頂き、颯爽と羽田空港をとび立って海外公演に出かけたものでした。戦後の私達日本人に、大きな夢と希望を沢山贈って下さった平川先生との出会いは、私の人生の大きな宝物として大切に輝き続けることでしょう。

ペギー葉山さんは私に、「私は真のカムカムベイビーですよ」と言っていました。ペギー葉山さんのように、「カムカム英語」によって世界が広がったという人たちはたくさんいました。有名無名を問わず、唯一《ただいち》の「カムカム英語」は多くの人たちの力になっていたのです。

●テキストを間に合わせたい●

さて、こうして「カムカム英語」が広がっていくなか、相変わらずテキスト不足は続いていました。

「どこに行けば早くテキストが手に入るのですか」

「もう一カ月も前に予約したのに、まだテキストが届きません」

「テキストなしで講座を聴くのは私には難しいです」

このような手紙が連日届きます。当時は郵便事情が悪く、多くの地域でテキストの送付が大幅に遅れていました。手紙をもらうたびに、唯一《ただいち》の心のなかは申し訳なさでいっぱいだったと思います。

五月になっても、二月、三月のテキストが届かず、講義の内容に追いつかないまま、どんどん進んでいきます。そこで、唯一《ただいち》は、苦肉の策として、五月と六月をこれまでの復習にあてることにしました。もう一度、二月の講座を繰り返して行うというアイデアは、多くの人たちに受け入れられました。

復習をしているあいだにテキストが届き、テキストがなくてわからなかった部分を、もう一度教わることができるのです。この唯一《ただいち》の機転によって、数カ月はもつことになりました。しかし、そんなことをずっと繰り返すわけにはいきません。ともかく、テキストの供給を急ぐしか解決策はありませんでした。

当時、「カムカム英語」のテキストはNHKのスタッフが製作していました。ラジオ放送とテキストの製作が重なり、忙しかったという事情はわかります。でも、そのことが、唯一《ただいち》の方向性とスタッフの方向性にずれを生じさせたともいえるのです。いずれにせよ、いまのままではテキストの製作は進まず、これ以上、聴取者に不便をかけるわけにはいきません。

そこで、唯一《ただいち》は行動に移します。昭和二十一年九月、テキストの出版を目的としたメトロ出版社を創設しました。初代の発行人兼印刷人はワシントン州立大学時代の同窓、豊田則雄氏です。唯一《ただいち》はテキストの奥付には著者として記されていますが、実質的には社長であったと思われます。

唯一《ただいち》は、聴取者のためを思ってメトロ出版社を立ち上げただけでしたが、「カムカム英語」の聴取者が増えるとともに、当然、テキストの売り上げも伸びていたので、いずれテキストはドル箱になるだろうと見られていました。そんな宝の山を手放したくないNHKから、唯一《ただいち》は強固な反対にあうことになります。

ここで、唯一《ただいち》の応援にまわったのが、GHQが運営するCIEラジオ課でした。ラジオ課の課長を務めるM・ハーラン少佐と唯一《ただいち》とはかねてより交流があり、M・ハーラン少佐は「カムカム英語」をいまの日本にはなくてはならないプログラムだと公言していました。

そのM・ハーラン少佐が昭和二十一年九月十七日付で、NHK専務理事の古垣鉄郎氏宛てに覚書を送っています。覚書の内容は、「英語会話テキストの印刷と発行をすべて平川にまかせよ」というものでした。この通達に逆らうことはできず、唯一《ただいち》はテキストづくりの全権限を手に入れることができたのです。

とはいえ、いまだ紙不足が続くなか、新興の出版社が十分な用紙を調達するのは無理だろうと、周囲の誰もが思っていました。ところが、メトロ出版社には、テキストをつくるための十分な用紙が供給されたのです。それがGHQの力であったことはいうまでもありません。

唯一《ただいち》が「カムカム英語」を聴いてくれている人のために尽力していることを知っていたからこそ、GHQは力を貸してくれたのです。

実際には、テキスト製作によって、メトロ出版社は相当な利益を得たようです。私がまだ幼かったあるとき、メトロ出版社の人がわが家にやってきて、「今月分です」と大きな紙袋を置いていったのですが、そのなかには、百円札がぎっしり詰まっていました。いまで言えば、一万円札であふれていたようなものです。

しかし、父は、それには関心を示しませんでした。「カムカム英語」の仕事をしていた時期、収入はかなり多かったと思いますが、父はぜいたくをすることもなく、ただ放送を聴いてくれている人たちのことだけを考えていました。M・ハーラン少佐も、そんな父の人間性をよく知っていたのです。

カムカムバッジとカムカムクラブ

放送開始から一年がたち、「カムカム英語」の大きな流れが日本じゅうを包んでいました。ラジオの普及によって聴取率が伸びたのか、「カムカム英語」を聴くために人びとがラジオを買い求めたのか――それは、ニワトリが先か、卵が先かと同じようなものでした。

いずれにせよ、唯一《ただいち》の「カムカム英語」は日本のみならず、アメリカ本土でも話題にのぼるほどになっていたのです。

昭和二十二年（一九四七年）三月十日、唯一《ただいち》は聴取者にこうアナウンスします。

さあ、いよいよ陽気もよくなって、全国何百万のカムカムの赤ちゃんが、楽しい春の大活躍を始めるときがまいりましたよ。私たちの仲よしは、こうして、全国に何百万という数があるのに、いままでのところは、みんながそれぞれ別々で、会話の練習をするのにも、ダルマさんや子猫を相手の練習で、なんとなく物足りない、寂しい感じを、どうすることもできませんでした。そこで考えついたのが、今度の大計画なんです。

どんな大計画なのだろうかと、ラジオを前にみんなは胸を躍らせていました。唯《ただ》一《いち》が考えたカムカム赤ちゃんのための大計画とは、カムカムバッジをつくるということだったのです。

せっかく英語を覚えたから、誰かに試してみたいと思うものです。家族や友人たちと試し合うのもいいですが、ほかの人たちとも英語で話をしてみたいというのが心情です。でも、誰に話しかければいいのかわかりません。そこで考えたのが、「カムカム英語」を学ぶ人が胸にバッジをつけるということです。これなら、ひと目でカムカムの仲間であることがわかります。唯一《ただいち》のねらいはそこにありました。

もともと日本人は、気軽に他人に話しかけることが苦手です。遠慮して、お互いに話しかけることができません。それは日本人の美徳ともいえますが、プラスにならないこともあります。そんなとき、お互いにカムカムバッジを胸につけていたら、話をするきっかけになり、コミュニケーションが生まれます。

アメリカ生活が長かった唯一《ただいち》は、アメリカ人のコミュニケーションの取り方を自然と身につけていました。恥ずかしがっていても何も始まりません。思い切ってコミュニケーションをとっていくことで人の輪は広がっていくのです。そうしたアメリカ人のコミュニケーションのいい部分を、日本にも採り入れたかったのだと思います。

また、日本人は、年齢や立場などで関係性を縛ってしまうことが多く見受けられます。若者は若者どうし、大人は大人どうしでかたまり、年齢や立場を超えてコミュニケーションをとる機会が少ないのです。

しかし、アメリカは違います。年齢や立場といった外側のものではなく、同じ志や趣向をもった者どうしがコミュニケーションをとっています。年齢がどれだけ離れていても、同じ目標をもっている者どうしであれば対等な関係を築いています。そんなコミュニケーションの取り方がこれからの時代には求められると、唯一《ただいち》は考えていたのです。

実際に、カムカムバッジはあっという間に広がっていきました。実費として十円を「メトロ出版社カムカムクラブ宛」に送れば、誰でも手に入れることができます。お年寄りから小学生、中学生まで、胸にカムカムバッジをつけた人びとの姿が見られるようになったのです。

ある学生から、こんな手紙が届きました。

「昨日、鳴海へ野球を見に行った帰りのことでした。電車の中で背広のおじさんが、『一寸《ちょっと》、君、英語をやっているのかね』とニコニコしながら尋ねられました。あまり不意だったので、僕はただ「ええ」と答えました。(中略)僕は自分の胸にカムカムのバッジを付けていることに気が付きました。そのおじさんも同じバッジを付けてみえました」

電車に乗っていて、学生が大人から声をかけられることなど、めったにありません。でも、カムカムバッジさえつけていれば、それはもうカムカム仲間です。お互いに胸のバッジを見た瞬間に、心の壁が取り払われてしまうのです。

唯一《ただいち》はこの放送を通して、日本を明るくしたいという思いを強く抱いていました。戦後の暗い空気を取り払い、明るい未来に向かって生きていく勇気を日本じゅうにまき散らしたかったのです。心の壁を取り払うこのバッジには、唯一《ただいち》の願いがこもっていました。

ちなみに、バッジを販売することで、メトロ出版社に利益はありませんでした。ただ手間がかかるだけです。メトロ出版社のスタッフも利益のことなど考えていなかったのでしょう。メトロ出版社はいつも「カムカム英語」と一体でした。

カムカムバッジ

さて、カムカムバッジ制作と同時に始まったことがもう一つあります。それは「カムカムクラブ」の展開です。ファンが交流できる流れをさらに広げていきたいと考えていた唯一《ただいち》とメトロ出版社のスタッフは、カムカム仲間の全国大会を開催することにしたのです。

昭和二十二年四月二十九日、東京・神田の共立講堂において「楽しく英語を学ぶ会」が開催されました。これは事実上、第一回の「カムカム大会」で、予想していた以上の反響がありました。記録を見ると、その日、共立講堂に集まった参加者は四五〇〇人にものぼっています。東京だけでなく、遠く地方から電車を乗りついで参加してくれた人たちも大勢いました。

この日の成功を、唯一《ただいち》は心から喜んだようです。翌日の放送では、次のような言葉を述べ、さらなる提案をしたのです。

昨日、共立講堂へおいでになった、数千人のみなさんは、たいてい胸に金のバッジを輝かせた、朗らかな、ニコニコ赤ちゃんばかりで、おそらく近来に例のない、楽しい晴れやかな集まりでした。そこで、みなさんの申し合わせで、今度いよいよ全国的にカムカムクラブをつくることになりました。（中略）村や町の四つ角に張り紙をして、Come Come の仲よしを集めさえすれば、あとは何もいらない。（中略）これは、思いついた人が始めさえすれば、きっと近所の仲よしが、大喜びで集まってくるでしょう。どうです、やってごらんになりますか。

このように語りかけ、それぞれが自主的にカムカムクラブをつくることを提案したのです。もっとカムカムの輪を広げていきたいというのは、唯一《ただいち》が望むというより、聴取者たちのなかから自然に湧き出たことでした。カムカム先生のファンどうしで集まりたい、みんなでカムカム英語を学びたい、そういう人の輪が自然と広がっていったのです。

そして、六月十五日には、大阪でもカムカム大会が開催されています。新大阪新聞社の主催で大阪市中央公会堂で開催され、当日は午後一時と午後三時の二回に分けて行われました。三〇〇〇人もの参加者を一度に収容することができなかったからです。

こうしてカムカムクラブは急速に全国へと広がっていき、メトロ出版社におかれたカムカムクラブ事務局には、連日のように結成の報告が集まってきました。友人と二人だけという支部もあれば、学校単位で二〇〇人の生徒が参加するという中学もありました。広島市の三菱広島造船所では、職場単位で一〇〇人を超える参加者が集まるなど、NHKの調査では、最盛期に一〇〇〇ものカムカムクラブが活動していたということです。

これはもう、たんなるラジオプログラムではありません。まさに社会現象といえるような波でした。

そのなかで、日本でもトップクラスの活動をしていたグループを紹介しておきましょう。のちに熊本大学教授になる福田昇八氏を中心に活動していた、熊本県立人吉高校語学部です。

部員は一、二年生が各一五人ほどで、毎日昼休みの三十分間、三年生のリーダーが部室でカムカム英語を指導しました。そして、毎週月曜日には前週分について、本文を完全に覚えているかどうかをテストします。テストは、リーダーが日本文を読み上げ、それに相当する英文を三十秒で書くというものでした。当時、数多あるカムカムクラブのなかで、毎日活動し、毎週テストまでやっていたのは人吉支部だけだったといいます。

こうした大きな渦の中心にいたのが唯一《ただいち》だったのです。唯一《ただいち》自身がどこまで意識していたかはわかりませんが、きっと唯一《ただいち》が思う以上に、「カムカム英語」は大きな影響力をもっていたのです。

四〇〇人にもおよぶゲストたち

「カムカム英語」のプログラムは月曜日から始まります。

そこで、唯一《ただいち》は、その週末の金曜日か土曜日を総ざらいの日として、さまざまなゲストを招いていました。

「平川先生の発音も美しいけれど、やはりアメリカ人やイギリス人の発音を聞いてみたい」

聴取者の多くがそう望んでいました。街にはアメリカ人が大勢いましたが、そう簡単に話しかけられるものではなく、やはり本物の英語を聞いてみたいと思うのは当然のことでしょう。

唯一《ただいち》が招いたはじめてのゲストは、イギリス人のミスター・グリッグスです。彼は来日以来、福島の高校や東京の大学で教鞭をとっていました。当時、進駐軍の仕事をしていた関係で、唯一《ただいち》と知り合ったようです。

昭和二十一年二月九日（土曜日）の放送は、次のように始まりました。

さ、みなさん、お集まりですか。今日はいよいよ今週の最後の日 Saturday ですね。みなさんが、一週間楽しみに待っていらっしゃったこの日がいよいよ参りました。かねてお約束どおり、今晩は外人の方と二人で、みなさんが今週中、毎晩ラジオの前で楽しみながら練習なさったお父さんと太郎の会話を全部通してやって、みなさんに聴いていただきます。

で、今晩のこの英語遊びの時間をおもしろく、そしてみなさんに少しでも収穫の多い時間にするために喜んでお手伝いしましょうと、快く引き受けてここに来てくださった方を、これからみなさんのお宅へ一軒一軒ご案内して、いまラジオの前で大きな目を開いて待っていらっしゃるみなさんにご紹介申し上げます。

この方はグリッグスさんといって、毎晩第二放送の「学徒の時間」で英語の「カレント・トピックス」を担当していらっしゃいますから、みなさんはもうご存じかもしれませんが、グリッグスさんは外人のなかでもとくに立派なきれいな発音でお話しになりますから、きっとみなさんには得がたい参考になると思います。最初にグリッグスさんに一言、何かみなさんに話していただきますから、それが聞き取れるかどうか、よーく聞いていてください。では、私からグリッグスさんにお願いしてみます。

Well, Mr. Griggs, we feel we are very fortunate in having you here tonight. I have reason to believe that all our listeners are very anxious to hear you speak. So, if you don't mind, I would like to have you say a few words to them.

(グリッグスさん、今晩、あなたにここにお越しいただいたことを、私どもはとても運がいいと思っております。ラジオを聞いている皆さんは、あなたが何をお話しになるのかと、お待ち兼ねのことでしょう。よろしければ、みなさんに一言、お願いいたします)

Thank you, Mr. Griggs.

(＊グリッグスさんの英語は、残っている台本には掲載されていないため、不明)

どうです、みなさん。お聞き取りになれましたか。グリッグスさんはいま、こうおっしゃいました。

私は今晩、みなさんとお話しできるのを大変うれしく思います。私はイギリス人で日本に十三年ばかり住んでいます。私の仕事は教師で、三年間、福島高商で商業実践を教え、それから慶應義塾大学へ来まして八年間英語を教えました。戦争と同時に抑留されまして、去年の九月に釈放され、いまでは進駐軍の仕事を手伝っています。それからみなさんは、私のやっている毎晩の「カレント・トピックス」をお聞きになったことがおありになるかと思います。

グリッグスさんはそうおっしゃいました。

では、いよいよみなさんお待ちかねの、実際に生きた会話をグリッグスさんと二人でいたしますから、よーく聞いて、そのなかから一つでも二つでもわかっただけを逃がさないで、生きたまんま自分の身につけるように、とくにその生き生きした調子を英語独特の調子をキャッチしていただきましょう。

本物のアメリカ人やイギリス人の言葉を直接聞くことができる、聴取者にとってはまたとない機会でした。もしも唯一《ただいち》とゲストの会話の一部でも理解することができれば、それは大きな喜びにもなります。英会話の勉強を続けていこうという動機にもなるでしょう。そうしたことも見越して、唯一《ただいち》は多くのゲストを番組に招いたのです。

知りえた範囲では、NHK時代に招いたゲストの数は一五九人で、その後、民放に移ってからは二三四人。合計三九三人ものゲストを招いたことになります。その数には驚かされるばかりです。

はじめのうちは、進駐軍関連の放送局のアナウンサーや番組関係者が多かったようですが、そればかりでなく、アメリカの映画俳優や音楽家、新聞記者、教師、あるいは実業家など、その職業は多岐にわたっていました。

そこには、アメリカの文化を届けたいという唯一《ただいち》の思いがあったのです。また、アメリカンスクールの子供たちをゲストに迎えたこともあります。これは同じ年代の日本の子供たちにとっても、とても刺激的な放送だったでしょう。

ここで、ゲストを招いてのやりとりをいくつか紹介しておきましょう。
昭和二十一年五月十一日（土曜日）には、ミス・クックを招いています。

さて今日は花子さんとお父さんの会話ですので、とても元気のいい朗らかな花子さんに来ていただきました。この方は進駐軍の赤十字の方で、ラジオの係をしていらっしゃるCookさんとおっしゃる方なんです。では、Cookさんからみなさんに何かひとこと言っていただくようにお願いしてみましょう。

Miss Cook, we feel we are very fortunate in having you here tonight to help us in this interesting game of learning English.
And I know my listeners are very anxious to hear you speak English.
So, will you be good enough to say a few words to them?
（＊クックさんの英語は、残っている台本には掲載されていないため、不明）
Thank you, Miss Cook. Thank you indeed.

みなさん、少しはおわかりになりましたか。Cookさんはいま、こうおっしゃったんですよ。

ラジオの前のみなさんに、こうしてお話できるのはとてもうれしく思います。じつは私とJoe――これは私の英語の名前ですが――とは同業のお友達といったところですね。Joeは日本のみなさんにすばらしい放送をしている。私は進駐軍向けやアメリカの全国放送のために、同じこの放送局から放送を毎日しているわけですからね。

で、私の故郷はマサチューセッツのボストンなんですが、気候はまず日本の北海道によく似ていますね。冬になると雪が多くて、スキーやそのほか、いろいろ冬のスポーツが非常に盛んです。小さいときはボストンの方々の私立の学校で勉強しましたが、その後、ボストンのすぐ郊外にある学校でアメリカでも最も大きいウェルスリー女子大学を卒業しました。

で、卒業後は二年ばかりヨーロッパへ参りまして、おもに書をかくことを研究しました。戦争が始まると同時に赤十字に入りまして、すぐ海外へ出てまいりました。近いうちにアメリカへ帰ることになっていますが。またきっとまもなく日本に帰ってきて仲よしになったお友達に会いたいと思っています。

Cookさんはいま、そうおっしゃいました。

こんどCookさんが日本へおいでになるまでには、スラスラと英語でお話ができるようになってみたいもんですね。もしみなさんが英語でお手紙をお書きになれば、私からCookさんにお取り次ぎして差し上げましょう。お名前のスペリングはC・O・O・K、お料理のcookと同じですね。

では、今日の総ざらいを始めましょう。Cookさんには花子さんになっていただきましょう。

Now, if you are ready, Miss Cook, I am going to ask you to be the little girl Hanako, as it wasn't very long ago when you were just as young.

昭和二十三年十二月十日（金曜日）のゲストは、ミスター・グリセンです。

（＊会話内容の詳細不明）

日本語でおっしゃったところはみなさんもはっきりとおわかりになったと思いますが、英語のところはどうでした？　英語ではこんなにおっしゃいましたね。

私が日本に参りましたのは、もう三年以上も前で終戦直後のことでした。それから二か月くらいのあいだに、北海道から本州、九州、四国の果てまでくまなく旅行いたしました。

そして、奈良公園の鹿、水に浮かぶ宮島の御宮、真っ白な雪に映えるみかん畑、真珠とりの女、あるいは風流なスキー小屋、一四〇度もある別府の温泉、毛皮を着た男の人もいれば、もんぺをはいた女もいる。子供は大きな声で「ハロー、ハロー」とやっている。と、とこういった具合で、何もかも反対の日本はすばらしい美しい絵の連続でもあり、また、いたるところで思わぬ好意を示されたことも思い出します。

と、だいたいこういう意味のことをおっしゃいましたね。

このグリセンさんに、この日本語に負けないように、みなさんの英語にも腕によりをかけてグリセンさんに英語のお手紙をお出しになるんでしたら、いつものとおり放送局の私宛に同封で、お出しになればいつでもお取次ぎして差し上げましょう。

で、お名前のつづりはG・R・I・S・S・I・N、おわかりですか? G・R・I・S・S・I・Nと書いてMr. Grissinですね。

じゃあ、さっそく、Mr. Grissinにお願いして、今日の総ざらいを始めることに致しましょう。

また、昭和二十四年二月十八日(金曜日)には、ミス・カサードが登場しています。

Good evening, everybody. Good evening.

さあ、今日こそ、みなさんの日ごろの練習がどれだけ実を結んでいるか、それを実際に試してみる機会でもあり、またみなさんの英語にいちだんと磨きをかけていただく日なんですから、ほんとうに胸が躍るのも無理はありませんね。そのみなさんのご期待に添うために、今日、とくにおいでいただいたお客さんは、みなさん、まだ覚えていらっしゃるでしょ、去年の暮れに、あのすばらしいクリスマスの歌を歌ってくださったカサードさんです。カサードさんは、オペラといわず、独唱会といわず、世界の檜舞台《ひのきぶたい》を歌いまわっておいでになった有名な一流の歌い手でいらっしゃいます。しかし、こうおなりになるまでには、音楽の修業は申すに及ばず、歌の歌詞をはっきりと歌いこなすために発音の訓練だけでもどれだけ猛烈におやりになったかわからないんです。

　そうやって磨きに磨いておいでになった方の美しい英語が、こうしてうかがえる私たちはほんとうに幸福ですね。そこで例によって何か一言、お話していただくようにお願いしてみましょう。

　Now, this is a great honor, Miss Cassard, and a joy to welcome you back on this program again. I believe you know, through the huge number of letters, how much they have appreciated your appearance on this program at Christmas last year. They have long been waiting for your voice ever since.

So, will you be kind enough to say a few words to them?

Why, certainly, Mr. Hirakawa, and good evening, everyone.

Thank you for all the fine letters you've written me. They were surprisingly well written, sincere, and extremely interesting.

Since I am interested in Japanese music, I have been collecting all kinds of pictures and articles that have anything to do with Japanese music or musical instruments, like Tsuzumi and Shamisen. I have also listened to all kinds of Japanese music from Gagaku and temple dances down to modern orchestra. Now, what I would like to know is whether you would rather hear your own Japanese composers or western composers. What kind of music do you like—solo or symphonic, popular or classic, what kind of soloists do you prefer—violinists, pianists or singers; who is your favorite Japanese singer; and what's your favorite Japanese music? I'm very much interested in your answers to these questions, especially about your favorite Japanese singer.

Thank you, Miss Cassard. Thank you, indeed.

どうです、だいたいおわかりになりましたか?

カサードさんはおよそこんなふうにおっしゃいましたね。

みなさん、こんばんは。みなさんからいいお手紙をたくさんいただきました。ありがとうございました。それはみんな、驚くほど立派に書けていて、真心のこもった非常に興味深いものでした。私は日本の音楽に興味をもっておりますので、鼓や三味線のような楽器や日本音楽に関係のあるものは絵でも道具でもさかんに集めております。それから、日本の音楽といえば雅楽やお神楽から管弦楽にいたるまで、あらゆる種類のものを聴きました。そこで私のとくに知りたいと思いますことは、みなさんの好みとして日本の作曲家のものを聴きたいとお思いになるか、それとも西洋の作曲家のものか。どんな音楽がお好きでしょう？　独奏か管弦楽か、流行歌かそれとも古典的なものか。で、一人でやるもので何がいちばんいいでしょう？　バイオリンか、ピアノか、それとも独唱か。日本の歌い手のなかで誰がいちばんお好きでしょうか？　そして、日本の曲では何がいいとお思いになりますか？

こうした質問に対して、ぜひ、みなさんのお気持ちをうかがいたいと思います。とくにお聞きしたいのは、みなさんのお好きな日本の歌い手のことです。

と、だいたいこういう意味のことをおっしゃいましたね。

この質問に答えて、カサードさんに英語のお手紙をお書きになるんでしたら、いつものとおり放送局の私宛に同封でお出しになればいつでもお取り次ぎして差し上げましょう。

で、お名前のつづりはC・A・S・S、これはさしすせそのSですね。そして、A・R・D。C・A・S・S・A・R・Dと書いて、Miss Cassardですね。

では、さっそくMiss Cassardにお願いして、今日の総ざらいを始めることにいたしましょう。

こうした多種多様な、生放送に慣れていないゲストを、唯一《ただいち》はどうリードしたのでしょうか。ゲストと二人で会話をするわけですが、ただ世間話をしても意味がありません。聴取者が期待しているような内容にしなくてはならないうえ、十三分三十秒という時間が決まっています。

じつは、放送前に、唯一《ただいち》はゲストと綿密な打ち合わせをしていたのです。ていねいにインタビューをしながら、どのように会話を進めていくかを組み立てます。そして、放送中の会話は、すべて唯一《ただいち》が台本として書きあげていました。つまり、ゲストは、本番では唯一《ただいち》が前もって書いた原稿を読むだけだったのです。

聴取者には、とても自由で楽しそうな会話に聞こえていたと思いますが、そこには綿密な台本が存在していたのです。これもまた、几帳面な唯一《ただいち》ならではの方法でした。

その一例を紹介しましょう。「カムカム英語」が民放放送になって最終の年のものになりますが、昭和三十年（一九五五年）三月五日（土曜日）、ミスター・リンをゲストに迎えての放送です。

Mr. Linnは、とくに話し言葉の専門家でいらっしゃるばかりではなく、日本の方たちのために親身になって教えたり、交際したりしてらっしゃる方です。

そう紹介したあと、

そういった経験を通して何かお気づきになったことがあれば、ぜひうかがってみたいものですね。

We are very happy, Mr. Linn, to welcome you back on this program once again. We certainly appreciate your kindness in contributing so much to the Japanese people through teaching and through your personal contact.

No doubt you have made a very close observation of the people who are trying to pick up English here in Japan. So if you'd give us a few pointers in that respect, it would be more than appreciated.

と、ミスター・リンに発言をうながします。放送でのミスター・リンの答えは次のようなものでした。

Thank you, Mr. Hirakawa, and hello, radio friends.

It is always a very great pleasure for me to lend what assistance I can to the teaching of English.

I have been in Japan for almost three years, and I am constantly astonished to find how many Japanese speak and understand English. At the same time, I find a great reluctance on the part of many people to use their spoken English, even though their knowledge of written English is quite adequate.

I would like to urge the listeners to use their English on every occasion that they can.

It is only through use and practice that they will gain confidence in their ability to converse in English. Everyone feels embarrassed when they first begin to speak in a foreign tongue, but this will pass as they grow accustomed to making these sounds which are foreign to them.

いかにも自然に会話をしているような感じです。しかし、唯一《ただいち》があらかじめ用意した手書きの台本は、こう続いていたのです。

いまのお話はだいたいおわかりになりましたでしょうか。Linnさんはいま、およそこんなふうにおっしゃいましたね。

Radioをお聞きのみなさん、こんにちは。英語の勉強にいくらかでもお手伝いができるということは、私にとってとてもうれしいことなのです。

私は日本へ参りまして、もうかれこれ三年になりますが、いつも驚かされますことは、いかにたくさんのみなさんが英語をお話しになり、また、聞き取ることもおできになるかということです。しかし、また一方、書いた英語は相当おできになりながら、話す英語となると恐ろしくひかえ目な方がまだまだずいぶんあるようです。

そこでみなさんに、あらゆる機会を捉えてどしどし英語をお使いになるよう、おすすめしたいんです。英語の会話に自信がもてるようになるのには、なんといっても実際に使って練習するよりほかに道はありません。もちろん誰だって慣れない外国語をやりはじめには、ちょっときまりが悪い感じがいたしますが、それは聞いたこともない妙な音に馴れるにしたがってだんだん消えてなくなるものです。

と、だいたいこういう意味のことをおっしゃいましたね。

これはまさに、ミスター・リンが話したことです。実際、この日の音源が手元に残っていますが、放送でも唯一《ただいち》はほぼこのとおりに訳していますから、やはり事前にゲストの話を聞いて原稿を作成し、それをゲストに渡して読み上げてもらっていたことがわかります。

さて、ゲストを招くと同時に、唯一《ただいち》は聴取者にこう呼びかけました。

「英語でお手紙を書いてみませんか。おできになりましたら、私が取り次いで差し上げましょう」

こうして放送局に届いた手紙は、後日、ゲストに届けられました。その手紙はアメリカ本土に持ち帰られ、それがきっかけで日本とアメリカで文通が始まっていました。まさに、唯一《ただいち》の放送はたんに英会話を学ぶだけでなく、日米の心の架け橋をも生み出していました。まさに、日本人とアメリカ人との草の根の交流の場となっていたのです。

新聞社で働いていたカンター氏も、二度ゲストに招かれています。彼は記者としての仕事のかたわら、戦争孤児の救済にも尽力していました。町には売春婦と浮浪児と復員兵があふれており、「カムカム英語」の放送が始まった時点で、厚生省は浮浪児の数を一万三〇〇〇人と推測しています。

両親を亡くし、家を失い、行き場がなくなった戦争孤児たちは、廃屋や地下道で雨露をしのぎ、靴磨きや物乞い、ときには盗みを働きながら生きていました。カンター氏は、そうした子供たちのために力をつくしていたのです。

昭和二十二年四月十八日（金曜日）に二回目のゲスト出演をしたとき、彼は聴取者に向かってこう言っています。

みなさん、こんばんは。こうしてみなさんから喜ばれているこの放送に、また出るようにカムカムおじさんから頼まれましたとき、私はとてもうれしかったんです。うれしかったというわけは、いま英語の勉強をしていらっしゃるみなさんからいただいたたくさんのよいお手紙に対して、心からお礼を言う機会が得られるからでした。（中略）

私は、日本を見れば見るほど、もっと深く知りたい気がしてきます。私は日本という国、そして日本人の人がいろんなことをする、そのやり方を見て、非常に興味を感じています。実際のところを言いますと、私は日本の人が非常に好きなので、もう帰らないで、こちらにずっと長くいることさえ考えているんです。

カンター氏もまた、聴取者からの手紙を受け取っていました。手紙の内容は彼にしかわかりませんが、そこには温かな言葉が記されていたと私は信じています。

こうしてたくさんのカムカムのゲストの人たちが、温かな風を日本に運んでくれたのです。

たった一人の弟子

「カムカム英語」が人気番組になるにつれ、唯一《ただいち》のファンもどんどん増えていきました。とくに若い人たちが、弟子にしてほしいと連日のように唯一《ただいち》のところに押し寄せていました。

しかし、唯一《ただいち》は弟子をとることは考えていませんでした。仕事を手伝ってくれるスタッフはいますし、おとなしい性格の唯一《ただいち》は、弟子に囲まれてわいわいやるのが苦手だったのです。

そんな唯一《ただいち》が、ただ一人、まわりに「弟子だ」と言っていたのが、丸山一郎さんです。唯一《ただいち》の家族から見ても、丸山さんはもっとも長く唯一《ただいち》のそばにいた人物です。

ここで少し丸山さんのことを書いておきたいと思います。

丸山さんは東京・江戸川に生まれますが、昭和二十年の東京大空襲によって家を失い、長野県に疎開します。もとより引っ込み思案の性格でしたから、転校した中学で友達がなかなかできず、学校ではいじめの対象になっていたようです。

つらい日々を送っていた丸山さんの耳に聞こえてきたのが、明るいテーマソングで始まる「カムカム英語」でした。丸山さんは、すぐにカムカム先生に魅了されました。「カムカム英語」のおかげで、学校でも友達ができ、明るく過ごせるようになったといいます。

その後、東京にもどった丸山さんは両国高校に入学しますが、父親が亡くなり、働きながら高校に通うことになったのです。仕事をしながら高校に通うのは、肉体的にも精神的にも簡単なことではありません。そんな丸山さんを支えたのが「カムカム英語」でした。

丸山さんは、高校の校長先生に頼んで「カムカムクラブ」を結成する許可をもらうだけでなく、地元の小松川でもクラブ結成の呼びかけを積極的に行いました。丸山さんの熱意は相当なもので、書店に頼んで「カムカムクラブ」会員募集のポスターを貼ったところ、反響が大きく、地元の学生や社会人などが大勢集まったといいます。その様子が新聞にも取り上げられ、わずかの期間で会員は一二〇人を超えるまでになりました。

それだけの会員が集まれる場所など、そうはありません。そこで丸山さんは、地元の小松川警察署に協力を頼んだのです。警察官も英語を学んでおかなくてはならない時代ですから、署内で英会話教室が開催されれば大いにメリットがあります。

こうして、丸山さんは警察署の会議室を借りることができました。一生懸命な丸山さんの姿に、署長もＯＫを出したのだと思います。ちなみに、この小松川警察署の警察官は、ポスター貼りにも力を貸してくれたそうです。

すっかり唯一《ただいち》のファンになった丸山さんは、幾度となくＮＨＫのスタジオ見学に訪れます。熱心にスタジオで見学している丸山さんのことを、いつしか唯一《ただいち》も気にかけるようになりました。そして、丸山さんは勤労学生として貿易会社で働きながら、ボランティアで唯一《ただいち》の手伝いをするようになったのです。

のちにメトロ出版社で働くようになった丸山さんは、唯一《ただいち》の自宅にも通うようになります。ときどき若いファンが唯一《ただいち》の手伝いがしたいと家に来ることがあったそうですが、ほとんどの若者はただ唯一《ただいち》と話がしたいだけで、手伝いをする気持ちなどありません。

ところが、丸山さんは違いました。唯一《ただいち》のところに送られてくるファンレターの整理や、唯一《ただいち》が書いた放送原稿を写したりする作業を、ひと言もしゃべらず黙々とこなしていたのです。

「この青年はどこか自分に似ているかもしれない」

無口でおとなしい性格や苦学生であることも含め、自分の若いころと通じるものがあると、唯一《ただいち》は感じていたのだと思います。丸山さんはいつも唯一《ただいち》のそばに静かに座り、黙々と手伝っていました。唯一《ただいち》が毎日の生放送をなんとか乗り越えられたのは、丸山さんの地道な支えがあったからだと思います。丸山さんの性格は父とよく似ていて、物静かな人でした。

「じつは、平川先生宛ての手紙のなかには、先生を中傷するような内容もありました。その多くは、先生の日本語の発音についてのことでした。岡山生まれの先生には少しなまりがあります。そんななまりがある日本語を話す人が英会話の先生などやっていていいのか、と」

「もう一つは、簡単な英語すぎる、という批判でした。複数の大学教授から『もっと難易度の高い、学問的に高度な英語を放送するべきだ』と何度も叱責のお手紙が届いていたのです。でも、先生は誰もが楽しんで身につけられる英語教育をめざしていたので、一貫して、赤ちゃんの口真似ごっこの姿勢を崩すことはありませんでした」

　こういう話は、そばで見ていた丸山さんだからこそ聞けた話でしょう。実際、唯《ただ》一《いち》は、美しい標準語が話せるように練習をしていました。そして、その練習を支えていたのが、優秀な国語教師である妻のよねでした。聴取者が知らない努力があったのです。

「平川先生のお手伝いを長くしていましたが、いわゆるアルバイト料はいただいたことがありません。まったくのご奉仕としてやっていたのです」

　丸山さんはそう言って笑います。しかし、これには後日談があります。

　放送では、希望者に海外からの文通相手を紹介していました。丸山さんは、そのなかで、最後まで文通希望者が見つからなかった八歳の少女に手紙を書き、いろいろと日本の紹介をしていました。少女自身はすぐに文通にあきてしまいましたが、その母親との文通は続きました。

　そうしたやりとりを通じて、キリスト教の伝道者になることを志していた丸山さんが、さらに聖書についての学びを深めるためにアメリカ留学を考えていることを知った少女の祖父が、渡航と留学費用の支援を申し出てくれたのです。思いもかけ

唯一の米寿のお祝いを届けてくれた丸山一郎さん（1990年２月）

ない方法で、留学の道が開かれました。

その後、アメリカに留学した丸山さんですが、日本に帰ってからしばらくは収入がありませんでした。牧師の免許を取得し、日本で教会をつくろうという計画をもっていたものの、家族の生活も守っていかなくてはなりません。

そんな丸山さんの状況を耳にした唯《ただ》一《いち》は、すぐさま丸山さんを自宅に呼びました。当時、唯一《ただいち》は「カムカム英語」の放送が終了し、自宅を改築して近所の人たちを対象とした英会話教室を開いていました。教室に通う人たちにすれば、あの有名なカムカム先生から直接学ぶことができるのですから、これほどうれしいことはなかったでしょう。教室はいつも満員御礼でした。

唯一《ただいち》は、その教室で英語を教えないかと丸山さんを誘ったのです。丸山さんには断る理由などありません。

そのときのことを、丸山さんはこう回想しています。

「そのお誘いはほんとうに助かりました。そして、はじめて平川先生からいただいたお給料には驚きました。そこには、当時のサラリーマンの二倍くらいのお金が入っていたのです」

これが唯一《ただいち》と丸山さんとの関係です。寡黙な二人は、言葉が少ないかわりに、きっと心のやりとりをしていたのでしょう。丸山さんには、唯一《ただいち》の表情を見るだけで何を言いたいかがわかっていたのかもしれません。唯一《ただいち》にしても、言葉をつくさなくても考えていることをわかってくれる存在です。「似た者どうし」という言葉だけでは説明できない交流がそこにはあったのだと思います。

いつも唯一《ただいち》に寄り添うようにしていた丸山さんは、放送局にいるときの唯一《ただいち》の様子をこう語っています。

「本番前の数分間、平川先生はマイクを前にして、一人静かにお祈りをしていました。それは一日たりとも欠かしたことはありません。どのような言葉でお祈りを捧げていたのかはわかりませんが、そのときの先生の姿は、とても美しいものであったことを覚えています」

一九九五年にカムカムファンクラブが編纂した「Uncle Come Come の思い出」という冊子に、丸山さんは「放送に立ち会って」というタイトルの文章を寄せています。

「私たちの日常生活は電子やコンピューター機器でコントロールされているといえましょう。そんな時代に職人気質《かたぎ》という言葉は過去のものと考えられるかもしれません。

平川先生の放送・録音に毎回立ち会った一人として今でも強烈な印象となっているのはまさにこの放送マン気質です。近ごろのテレビやラジオでは臨場感を演出するためか、バサバサと原稿をめくる音が耳ざわりですが、カムカム放送で紙の音を聞いた人は一人もいないでしょう。効果音として先生が紙をまるめたことはありますが……。

先生がよどみなくお話になるので大半の聴取者が『すごい雄弁家だ』と考えたこ

とでした。自宅の書斎でストップウォッチを片手に五、六回放送原稿を読み、スタジオに入ってからも息つぎ、抑揚、ふりがななどを原稿に書きこむ姿は余人の入り込むすきを与えないきびしさがありました。大判の放送原稿の角を少し折り曲げてめくりやすくし、『パペピプペポパポ』と何度もアーティキュレーション（はっきりした発音）の口ならしをなさっていました。『カムカム放送は私の生命』とよくおっしゃっていましたが、私たちカムカムベイビーズが『カムカムスピリット』というファンの気持ちも、こんな先生の意気ごみから学びとった生き方であり、楽しい英語あそびに熱中することになった要因ではないでしょうか。コンピューターに出来ないこともあるようです」

たった一人の弟子にしか見ることのできない唯一《ただいち》の世界が、そこにはあったようです。

episode — 5

カムカム英語が残したもの

世田谷区若林の自宅で家族とともに。唯一のうしろに立つのが筆者

いきなりのお別れ宣言

昭和二十六年（一九五一年）二月六日、ラジオからいつものようにカムカム先生の声が流れてきます。しかし、それは、これまでにはないセリフから始まりました。

みなさんとご一緒に楽しく続けてまいりました、このカムカムの英語遊びも、いよいよ今週いっぱいで、お別れということになりそうです。名残はつきませんが、せめて、この最後の幾日かを心ゆくばかり、楽しくいたしまして、みなさんの貴い努力に、お報いすると同時に、どうか今後も引き続いて、みなさんの生きた英語を、十分育て上げていただきたいと思います。

いきなりのお別れ宣言です。聴取者は耳を疑いました。今日はエイプリルフールでもない。カムカム先生が言っていることはほんとうなのだろうか。翌日にはさっそく新聞各紙がこのことを書きました。

「カムカム先生辞める」

「もう聞けない平川英語」

一つの番組の担当者がやめるだけで新聞が記事として取り上げるのですから、いかに「カムカム英語」が日本じゅうに広がっていたかがわかります。新聞の読者欄にも多くの投稿が寄せられました。聴取者たちが集まって、「平川先生復帰運動」などに発展したこともありました。いずれにせよ、カムカム先生のいきなりの引退発言は、世の中を大きく揺さぶることになったのです。

多くの聴取者が納得できないのには理由がありました。それは、なぜ平川先生がやめるのか、その理由が示されていなかったからです。番組構成上の理由であるとか、あるいはカムカム先生自身の問題とか、やめる理由がはっきりと示されたのであれば、聴取者の人たちは納得することができたかもしれません。

しかし、その理由については、ついにＮＨＫからも唯一《ただいち》自身からも語られることはなかったのです。両者のあいだに何かあったのではないかと、さまざまな憶測を呼びました。

その一つは、経済的なものです。「カムカム英語」のテキストを製作していたのは、唯一《ただいち》が立ち上げたメトロ出版社です。ＮＨＫ側にしてみれば、番組を主宰しているのですから、当然、テキストの著作権はNHKにあると考えています。いずれはメトロ出版社をNHKの関連会社として吸収しようと考えていたわけです。

しかし、唯一《ただいち》の考えはまったく違っていました。唯一《ただいち》は決してテキストを販売することで儲けようとは考えていませんでした。それよりも、すべての著作権を全国のカムカムクラブに移そうと考えていたのです。

当時の新聞に、唯一《ただいち》のこんなコメントが掲載されています（「朝日新聞」昭和二十六年二月八日付）。

「全国に八百余の支部をもつカムカム・クラブ十五万の会員をふくめてテキストなしで勉強している六十万人の聴取者本位に同クラブに出版権を与えたい」

これができれば、全国のクラブで自由にテキストをつくることができます。わざわざお金を出して買わなくても、クラブの人たちが協力して製作すればいいのです。唯一《ただいち》はなによりも聴取者の利益を考えていたのですが、ここで両者の考え方が食い違ったと思われます。

そして、もう一つの理由は、時代の流れでした。戦後から五年がたち、日本は経済的にも明るさが見えていました。この年の九月八日には、サンフランシスコ講和条約が調印される運びとなり、日本国内も、もはや占領軍が闊歩《かっぽ》するような時代は終わりつつありました。GHQの介入なども、以前のようにありません。これからの日本は、自分の力で築いていき、独立の精神を養っていかなくてはならないのです。

だが時代の流れが変わっていくなかでも、唯一《ただいち》はこれまでのスタンスを崩そうとはしませんでした。NHKとしては、もしかしたらこれまでとは違う番組づくりを望んでいたのかもしれませんが、圧倒的な人気を誇っていた「カムカム英語」については、NHKの上層部も口出しすることはできませんでした。言ってみれば、NHKはもはや平川唯一《ただいち》という一人の講師をコントロールすることができなくなっていたのでしょう。

具体的に、両者の歯車を狂わせたのが何だったのかはわかりませんが、もはや歩み寄ることはできませんでした。そして、なによりもぶつかりあうことを嫌う唯一《ただいち》ですから、最後は静かにNHKを去ろうと思っていたのでしょう。

「私は楽しく勉強できる空気が作られぬ限り辞める意思は変らない」(前掲紙)

何とか折り合いをつければ、おそらく番組はまだ続いたと思われます。しかし、唯一《ただいち》は、自分に妥協してまで続けることを選ばなかったのです。唯一《ただいち》には、そんな頑固な一面がありました。

さあ、今日は、いよいよ最後の総ざらいですね。これでお別れということになりますと、一応しんみりとした気持ちになるのが当たり前かもしれませんが、私たちカムカム赤ちゃんの伝統は、どこまでも明朗に、希望と夢を失わないように、ということなのですから、ここで下手な大人の真似をするよりも、最後まで明るく、楽しい総ざらいで、終わりたいと思います。(中略)

では、みなさん、お元気で！　五年の間、みなさんと、明るく手をつないでまいりました、楽しいカムカムの英語の旅も、いよいよこれで、お別れです。長い間、みなさんと仲よしにしていただきましたこと、心から厚くお礼申し上げます。と同時に、ここで芽生えました、みなさんの英語が、立派に成長して、大きな舞台に活躍する日を、ただひたすらに、お待ち申しております。では、全国のカムカム赤ちゃん、いつまでも明るく、お元気で。

This is Hirakawa saying “Sayonara and good night.”

こうして昭和二十六年二月九日、五年間にわたって放送されたＮＨＫの「英語会話」にピリオドが打たれたのです。

「カムカム英語」の再開から終了まで

二月に放送を終えた唯一《ただいち》は、しばらくは休息の日々を送ったようです。さすがに五年間も生放送を続けると、相当な疲れがたまっていたようです。大好きなテニスを楽しむ日々を送っていました。

そんなある日、久しぶりにコートに顔を見せた人物がいました。それは、唯一《ただいち》のテニスのライバルである五味正夫氏です。五味氏は青山学院大学テニス部のキャプテンをしていた人物で、唯一《ただいち》もなかなか勝てませんでした。それでも二人は、とても仲のよいテニス友達としてつきあっていたのです。

このとき、五味氏は、新しいラジオ局を立ち上げるべく行動を起こしていました。それがラジオ東京です。コートに顔を出した五味氏は、唯一《ただいち》にこう言いました。

「久しぶりに試合をしよう。もし先生が私に勝ったら、すばらしいニュースを教えてあげるよ」

唯一《ただいち》は喜んでその申し出を受けました。なかなか練習をする時間のない五味氏にくらべて、唯一《ただいち》は連日のようにコートを走りまわっていましたから、勝者は唯一《ただいち》となりました。現実のところは五味氏が手加減したようですが、約束のビッグニュースが五味氏の口から発せられたのです。

このとき、アサヒビールの業務課長としてビール販売の戦略を練っていた長谷川遠四郎氏（渋沢栄一氏の十四番目のご子息）は、電波を使ってビールの宣伝ができないかと考えていました。いまでは当たり前のことですが、当時はラジオ放送を商品の宣伝に使うことなど誰も考えていませんでした。要するに、現在のラジオコマーシャルの最先端をいこうとしていたのです。ちなみに、長谷川氏はのちにアサヒビールの名誉顧問を務めています。

その長谷川氏が、ラジオ東京の五味氏に相談をもちかけてきました。

「『カムカム英語』をラジオ東京で復活させませんか。アサヒビールがスポンサーになりますから」

こんなすばらしいアイデアはありません。五味氏はこのとき、「カムカム英語」を開局と同時に放送することを決めたのです。まあ、唯一《ただいち》とのテニスの試合は、たんなるきっかけづくりにすぎなかったのでしょう。せっかくこれまで育ててきた多くのカムカムベイビーが成長したのに、「ここで放り出してはいけない。ぜひともカムカム英語を復活させたい」と、五味氏は強く唯一《ただいち》に言ったようです。

昭和二十六年十二月二十五日朝七時十五分、ラジオから平川唯一《ただいち》の声が聞こえてきました。

メリークリスマス、エブリバディ。メリークリスマス。みなさん、お元気ですか。ずいぶん久しぶりですね。丸々五年の間、みなさまと温かい血のつながりを感じながら、楽しく育ててまいりました「カムカム英語」も、今年の二月九日を最後に、しばらくお別れということになっていましたが、今日は、ニコニコのサンタクロースが道案内で、ここにふたたび、みなさんとご一緒になることができまして、こんなにうれしいことはありません。

もちろん、ここにくるまでには、新しくできたラジオ東京のみなさんが、並々ならぬご苦労をしてくださったこと、そして、この時間を提供してくださるアサヒビールの、じつに気持ちのよい、温かいご好意があったからこそで、このご苦労とご親切に報いるためにも、われわれ全国のカムカム赤ちゃんは、今日から、大いに張り切らなくちゃなりませんね！

その声はとても明るく弾んでいました。聴取者にとっても、待ちに待ったカムカム先生との再会だったのです。

ラジオ東京の開局とともに開始された唯一《ただいち》の放送には、スポンサーでもあるアサヒビールも大きな期待を寄せていましたし、熱心に聞いてくれるファンも大勢いました。しかし、その一方で、聴取率が期待どおりに上がることはありませんでした。全国的に人気のあるカムカム先生の番組であるにもかかわらず、以前のように聴取者の数は増えなかったのです。

その理由は、カムカム英語の内容ではなく、外部環境にありました。NHKの放送網はいうまでもなく全国に広がっています。ラジオさえ手に入れれば、日本じゅうどこにいても聞くことができます。

しかし、民放の放送網は、まだまだ地域が限られていた時代です。ラジオ東京のもつネットワークだけでは、なかなか全国各地に広げることはできません。物理的に放送を聞くことができる地域が限定されていたわけですから、聴取者の数が増えるはずはありませんでした。これでは民放の番組としては成り立ちません。ラジオ東京は苦渋の決断を迫られることになったのです。

昭和二十七年（一九五二年）十二月二十六日、ラジオ東京はこの日の放送を最後に「カムカム英語」から撤退します。そして、昭和二十八年（一九五三年）一月五日からは日本文化放送（現・文化放送）に代わりましたが、この放送も昭和二十九年七月に打ち切られました。以後は、七局ネットワークで放送を継続しますが、昭和三十年（一九五五年）七月三十日に最終放送を迎えることになったのです。こうして九年六カ月にわたる「カムカム英語」の放送は幕を下ろすことになりました。

その翌年、「もはや戦後ではない」という言葉が「経済白書」に載りました。もはや占領された国ではない。もはや英語だけが必要な時代ではない。そして、もはや日本は学ぶ時代から生活を楽しむという時代へと移り変わっていたのです。さらには、ラジオに代わってテレビの時代が、すぐそこまでやってきていました。

●平川唯一先生との出会い——田崎清忠（横浜国立大学名誉教授）●

昭和三十六年（一九六一年）から、NHKではじめて「テレビ英語会話」を担当した横浜国立大学名誉教授の田崎清忠氏はこう言います。

「外国語を学ぶには、その国の文化を知ることが大事なのです。つまり、言葉と同時に文化をも伝えなくてはなりませんが、それはラジオというメディアではかないません。そこにラジオの限界があります。もちろん平川先生は、そんなことは百も承知だったでしょう。だからこそ、文化を伝えようと多くのゲストを招いたりしていましたが、それでも、そのあとに登場したテレビというメディアにはかなうはずもなかった。カムカム英語に引導を渡したのは、時代であったということです」

時代とともに全国を駆けめぐり、そして時代とともに去っていった。それが「カムカム英語」だったのでしょう。しかし、いかに時代が流れても、唯一《ただいち》という人間は何も変わりませんでした。

田崎氏は後年、自分が担当している「テレビ英語会話」に、唯一《ただいち》をゲストとして招いたことがありました。あこがれの人物ではありましたが、これまで会ったこと

NHK「テレビ英語会話」にゲストとして出演する唯一

はありません。

番組が進行するなか、ゲストを招き入れる段になります。スタジオのドアが開いて、唯一《ただいち》がなかに入ってきたとき、田崎氏は感動で胸が熱くなり、しばし言葉が出なかったと言います。

「やあ、こんにちは、と言う平川先生のその声。そして人を包み込むような笑顔。私が中学生のときに、一生懸命に聞いていたカムカム先生の温かい声がそのまんまそこにあったのです。平川先生の存在がなければ、私は別の道を歩んでいたかもしれません」

九十歳を超えるいまもかくしゃくとした田崎氏は、「カムカム英語」との出合いを次のように話してくれました。

「私の夢は飛行機の設計をすることでした。それで東京府立航空工業学校への進学を決めましたが、その夢ははかなく崩れ去ります。戦争に負けて、国内での航空機生産が認められなくなったのです。

目標を見失った私は毎日、無為に過ごしていましたが、あるとき、自宅からほど近いところにアメリカ軍が駐留することになったのです。夜になると、アメリカ兵が門の前で警備をしていることを友人から聞くと、夜中にこっそりとアメリカ兵を見にいくことにしたのです。

ある夜、私が建物の角に隠れて様子を見ていると、警備にあたっているアメリカ兵と目が合ったのです。大きな体で手には銃が見えました。私は恐ろしくなって、あわてて家に走って帰りました。

しかし、冷静になると、一人で警備に立っているあのアメリカ兵も、祖国を離れて知らぬ国で寂しい思いをしているのではないだろうか、という気がしてきたのです。

私は、翌日、本屋に行き、『実用英会話』という本を買い求めました。そして、私がふたたびアメリカ軍施設に行くと、門の前に前夜に見たアメリカ兵が立っていました。私は大声で『グッドイブニング』と言いました。アメリカ兵も私に返事を返してくれましたが、何を言っているかわかりませんでした。

次の日は『グッドバイ』と言いましたが、相手が何を言っているのか、やはりわかりません。そうやって毎日通っていると、建物の中に入れてもらえるようになりました。ストーブにあたり、チョコレートなどをもらって、片言で談笑しました。

それから私は夢中になって英語を覚えようとしましたが、相手の発音がまったくわかりません。どうすればいいかと考えていた矢先に、平川唯一《ただいち》先生の英語講座が始まったのです。それは私にとって、神様からの贈り物のようでした。その後、私は東京高等師範学校（現・筑波大学）に進学。昭和三十一年（一九五六年）にはフルブライトプログラムに応募し、留学生に選ばれました。

留学からもどった私は、中学・高校・大学で英語を教えながら、ＮＨＫの『テレビ英語会話』を担当しました。一九六一年から始まったこの番組は十六年も続くことになりました。そして、その番組のゲストに平川先生をお招きしたということなのです。

番組に出ていただいたあとも幾度か平川先生にお目にかかる機会があり、一度、世田谷のご自宅に招かれました。自宅の敷地には一台の年季が入った車がありました。それがモーリス・マイナーでした。車を見て私は驚きました。なにせ車体にはコカコーラの缶をつぶして張りつけてあったのです。聞くと、穴が開いた場所を修理したのだとか。

私などは新しい車がいいので、二年に一度は車を買い替えていることを話すと、平川先生は、『君、車には愛車精神という言葉があるんだよ。まったく君は愛車精神がないんだね』と柔らかい笑顔で言われたことを覚えています。

そういえば、大学時代に友人から、『田崎君の話す英語は、平川唯一《ただいち》さんの英語とそっくりだね』と言われたことがあります。それは私にとって最高のほめ言葉でした」

番組は終わっても、カムカム先生はこの田崎氏だけでなく、多くの人の心の中で生きつづけていたのでしょう。

●太平洋テレビジョンの副社長●

唯一《ただいち》が「カムカム英語」を卒業した年の二年前、昭和二十八年二月に日本初のテレビの本放送が始まりました。最初に開局したのはＮＨＫ東京テレビジョンで、同年八月には民放局として日本テレビでテレビの本放送が始まったのです。

昭和三十年から始まった神武景気が、国民の所得を引き上げていきます。それとともに、それまでは非常に高価だったテレビ受信機の大量生産が始まり、テレビは庶民の手が届くまでになっていたのです。テレビ、電気洗濯機、電気冷蔵庫は「三種の神器」と呼ばれ、みんなのあこがれの的になっていました。

北海道から上京した若き清水昭氏は、上野駅の食堂でたまたまテレビを見てすぐさまひらめきます。

「これからはテレビの時代だ。テレビを仕事にするぞ」

先見性に富み、抜群の行動力があった清水氏は、迷うことなく太平洋テレビジョンを立ち上げます。昭和三十二年（一九五七年）のことです。テレビ局を立ち上げたといっても、放送できる番組がまだまだ不足していましたし、自前で番組を製作するには巨額の資金が必要です。そこで、民放各局は、テレビ先進国であるアメリカの番組を放送していたのです。

日本で開催された第２回ララミー牧場大会

アメリカのテレビ映画「ララミー牧場」の俳優ロバート・フラーが来日し、通訳を兼ねてテレビ出演する唯一

太平洋テレビジョンもまた、アメリカの放送局からさまざまなコンテンツを輸入しました。「モーガン警部」「第五騎兵隊」「ララミー牧場」などです。そこで、テレビ局が必要としたのが翻訳家です。アメリカの番組を日本語に吹き替えて放送するわけですから、翻訳家の力量によって番組がヒットするかどうかが決まります。

清水氏が真っ先に目をつけたのが、「カムカム英語」を引退した平川唯一《ただいち》でした。

「いちばんはじめは、テレビ映画の翻訳をちょっと見てもらいたいという依頼でした。とくに忙しい日々でもありませんでしたので、気軽にお引き受けをしたのです。少し手を入れるだけでいいと思っていたのですが、原稿を見たら気になるところがたくさん見つかります。結局は徹夜で赤字を入れることになったのです」

唯一《ただいち》は当時のことをそう話しています。英語で話している人の口の動きと日本語があうように、シンクロナイゼーション（映像と音声が一致すること）につねに気を使ったといいます。

唯一《ただいち》の翻訳はすばらしい出来映えで、清水氏はすぐさま唯一《ただいち》に太平洋テレビジョンの翻訳部長への就任を願い出ました。清水氏は、唯一《ただいち》の並々ならぬ英語力も評価していたでしょうが、新興テレビ局にとって平川唯一《ただいち》の名前は、対外的なイメージを高めてくれるものでもあったのです。

それからまもなく、唯一《ただいち》は太平洋テレビジョンの副社長に就任することになりました。太平洋テレビジョンは、清水氏の行動力と、唯一《ただいち》の英語力によって業績を伸ばしていきます。会社が多忙になり、人手が足りなくなったのか、唯一《ただいち》は二人の娘、睦美と萬里子も太平洋テレビジョンに入社させています。

太平洋テレビでの仕事は、唯一《ただいち》にとって楽しいものであったと思います。時代がラジオからテレビに移ったのと時を同じくして、唯一《ただいち》の仕事も変化しました。しかし、表面的な仕事は変わりましたが、英語にかかわることについてはなんら変わることはありません。きっと唯一《ただいち》は、あの九年六カ月にわたるカムカム時代を思い出しながら、翻訳の仕事をしていたのだと思います。

昭和四十年十二月、唯一《ただいち》は太平洋テレビジョンを退職します。このとき唯一《ただいち》は六十三歳。当時の会社員の定年は五十五歳でしたから、八年も長く仕事をしたことになります。世間的にはそれなりの年齢にはなっていましたが、本人にしてみればまだまだ若いと思っていたのです。

さて、これからはいよいよ人生を楽しみながら、自分がやれることを見つけていこう。きっと晴れ晴れとした気分で、太平洋テレビジョンの社屋をあとにしたのだと思います。

世田谷区若林の自宅

「カムカム英語」が順調に進むなか、唯一《ただいち》はそれまで住んでいた太子堂から若林に引っ越しをします。若林の自宅は借地でしたが、二〇〇坪はある広々とした家でした。カムカムの放送が終わってから、唯一《ただいち》はこの自宅で英会話を教える教室をつくりました。生徒たちが楽しめるようにと、自宅の庭にはみずからが時間をかけてつくった卓球台を設けていました。

三方を囲む庭の垣根には、春になると唯一《ただいち》の大好きな薄桃色のバラが咲き誇り、近所の人たちの目を楽しませていました。自分の家の庭でバラを育てることは、アメリカ時代からの夢でもあったようです。

また、知人から譲ってもらった里芋の株を次々に根分けして、ザルいっぱいの里芋を収穫したこともありました。ともかく手先が器用ですから、ちょっとした大工仕事はお手の物です。プロが使うような道具を駆使して、大工仕事やペンキ塗りを一生懸命にしていました。ていねいで完璧主義ですから、一つの作業に長い時間がかかります。それでも飽きることなく、黙々と励んでいました。

NHKでの放送も引退し、太平洋テレビジョンも定年になりましたが、唯一《ただいち》にはやることがたくさんありました。どんなことにも一生懸命に取り組む姿勢があるからこそ、そこに楽しさを見出すことができます。何でもない日常生活でも、心から楽しむことができたのです。唯一《ただいち》はそういう特技をもっていたのかもしれません。自由な暮らしをするなかで、唯一《ただいち》がいちばん楽しみにしていたのがテニスでした。テニスを覚えたのは、アメリカの大学時代でした。唯一《ただいち》が日本にいる家族に送った手紙にも、「今日の日曜も六時半ごろには起きてテニスをやってきました」と書かれています。

日本に帰ってきてからしばらくは、テニスをする時間や余裕はありませんでした。若林に引っ越してきたころから頻繁にやるようになりました。おそらくは「カムカム英語」のおかげで、相当の収入を得ることができたからでしょう。

「カムカム英語」が軌道に乗ってきた昭和二十一年十月、唯一《ただいち》は東京ローンテニスクラブに入会の手続きをとります。東京ローンテニスクラブといえば、名門中の名門クラブです。もともと日本にテニスが入ってきたのは、明治十一年（一八七八年）、当時の文部省がアメリカからジョージ・A・リーランド博士を招聘し、学校体操（体育）の導入にあたったことがきっかけとされています。

そして、明治三十三年（一九〇〇年）に、時の総理大臣であった伊藤博文が、現在

コートでは年齢を感じさせない動きを見せていた

の国会議事堂の敷地に二〇〇〇坪のテニスコート用の土地を無償提供したのです。これが「名門」といわれる東京ローンテニスクラブの発祥です。その後、昭和十五年（一九四〇年）に麻布区（現・港区南麻布）に移転しています。

ところで、この名門クラブが財政難に陥ったことがありました。コートの整備もままならないという窮状を見た唯一《ただいち》は、すぐさま三〇万円をクラブに寄付しています。現代の価値にすると数百万円にのぼります。この

皇太子殿下、美智子妃殿下（当時）とともに

石原慎太郎氏（後列中央）らともテニスを楽しむ

功績が認められて、唯一《ただいち》は東京ローンテニスクラブ初の終身会員となったのです。

唯一《ただいち》は、多いときは週に四日は通ってテニスを楽しみましたが、それ以上に、財界人や文化人などとの交流を楽しみにしていました。三井鉱山の役員を務めた田代修一氏の呼びかけにより、「タコの会」なる八人で始めた親睦会も結成されました。多いときにはメンバーが二〇人にも増えていたようです。

そのなかには、東宮侍従長を務めた戸田康英氏や文学研究者の御木本隆三氏、夏目漱石や徳冨蘆花のご子息、俳優の宇野重吉氏などもいました。私もよく一緒に遊んでもらい、テニスのあとにはいろいろなお話を聞かせていただきました。

このころ、テニスクラブで写された唯一《ただいち》の写真が残っています。上皇陛下がまだ皇太子殿下だったころで、美智子妃殿下（現・上皇后陛下）と三人で写っています。テニスを楽しみながら、唯一《ただいち》は多くの人脈を自然と築いていきました。

愛車「モーリス・マイナー」

アメリカはいうまでもなく車社会です。唯一《ただいち》がいたころも、すでにアメリカではモータリゼーションが進んでいました。

唯一《ただいち》はワシントン州立大学時代には、車で大学まで通っていたようです。大学生が車をもつなどぜいたくだと思われるでしょうが、唯一《ただいち》は決して裕福な学生生活を送っていたわけではありません。おそらく、アメリカ生活のなかで車は必需品だったのでしょう。

唯一《ただいち》が当時乗っていた車は、一九一五年型の「フォードモデルT」です。廃車寸前だった車をもらい受けて、自分で修理をしたようです。とにかく古い車ですから、すぐに故障します。そのたびに唯一《ただいち》は、自分の手で修理をしなければなりません。おかげで車にはずいぶんとくわしくなっていました。

NHKで仕事をするようになって、はじめのうちは電車で通っていましたが、やがてスクーターを買い求めます。スバルの「ラビット」という小さなスクーターに乗り、唯一《ただいち》は職場にもテニスクラブにも通っていました。寒い冬にはヤカンにお湯を入れ、それでエンジンを温めて始動していました。

そして、昭和二十八年、念願の車を手に入れます。それがイギリス製のモーリス・マイナーという車でした。排気量は九一八cc。エアコンもラジオも付いていません。方向指示器もアーム式でした。

愛車のモーリス・マイナー

唯一《ただいち》はこの車を、東京・赤坂にあった日英自動車に前年の九月に発注しますが、もちろん日本に在庫などはありません。そこで、イギリスのディーラーから代行輸入することになりました。

当時、日本に輸入されたのは二台だけで、もう一台は旧皇族の人物が購入したようです。車の代金は九五万五〇〇〇円。当時の大卒の初任給の約一〇〇倍という値段ですから、現代の価格にすると、およそ二〇〇〇万円ほどです。

モスグリーンの車体に独特のエンジン音。唯一《ただいち》が運転するモーリス・マイナーが若林の自宅近くに帰ってくると、飼っていた犬にもその音がわかったといいます。どうしてこのモーリスのことが気に入ったのかはわかりませんが、とにかく唯《ただ》一《いち》はこの車を大切に扱っていました。

「カムカム英語」の放送が終わって時間に余裕ができると、唯一《ただいち》は家族を乗せてよくドライブに出かけました。神奈川の江の島まで足を延ばしたり、「カムカム英語」の歌の舞台となった木更津の證誠寺にも出かけたりした覚えがあります。

車の手入れといえば、少々の故障や不具合は自分の手で直していました。フォードモデルTで鍛えた修理技術のおかげか、たいていの故障は自分で直せたのです。私が大学生のときに、モーリスを貸してもらい、誤ってぶつけてしまったことがありました。父が大事にしているモーリスをぶつけたのですから、これはさすがに怒られるだろうなと思っていたら、父はまったく怒ることなく、黙々とぶつけた個所の修理を始めたのです。申し訳ない気持ちでいっぱいになったことを覚えています。

車がへこんだり穴があいたりしても、唯一《ただいち》は自分で修理をしていました。車の表面にはコカコーラの空き缶が張りつけられていたのです。穴が開いた箇所を、コカコーラの缶を叩いて伸ばし、それを使って修理していました。パッチワークみたいなものです。唯一《ただいち》にいわせると、板金にはコカコーラの缶が一番だということでした。

唯一《ただいち》が八十五歳になり、自動車の運転をやめるまで、じつに三十五年にわたってモーリス・マイナーを大事にしました。もちろん、新しい車に買い替えるだけの経済力はあります。それでも一九五三年型のモーリス一途に大切に乗りつづけてきたところに、唯一《ただいち》の性格や生き方が表れているように思います。

唯一《ただいち》が亡くなったあと、このモーリス・マイナーは河口湖自動車博物館・飛行館のコレクションに加わることになりました。モーリスに乗っていたのが平川唯一《ただいち》であると知らされていなかった博物館関係者は、モーリスをひと目見るなり、こう言ったそうです。

「この車に乗っていた人は、きっと相当な人物だな」

生きた英語の種まき

唯一《ただいち》が七十二歳のとき、NHKラジオの「人生読本」という番組に出演しています。「カムカム半世紀」と題されたその番組で、唯一《ただいち》は次のような趣旨のことを述べています。

「私は特別な英語教育をしたわけではありません。生きた英語の種まきをしただけです」

唯一《ただいち》は、英語を文法から教えるのではなく、生活のなかで使われている生きた英語を日本人に教えていくことこそが、自分に与えられた使命だと思っていたのです。アメリカでは二、三歳の子供でも英語をしゃべりますから、誰にでもできることです。そんな言葉を、日本の大人がしゃべれないはずはありません。みんなが赤ん坊の気持ちになって、楽しく英語を学ぶ――唯一《ただいち》がめざした「カムカム英語」の夢はそこにありました。

そして、生きた英語の種まきは、「カムカム英語」の放送が終わってからも続いていました。自宅で英会話教室を開いたり、これまで放送された「カムカム英語」のテキストのまとめをしたりという日々を送っていたのです。

そんなある日、熊本大学教授の福田昇八氏が訪ねてきました。ほんとうに久しぶりの再会です。

唯一《ただいち》と福田氏との出会いは、昭和二十六年までさかのぼります。カムカム先生として、唯一《ただいち》には全国各地から講演の依頼がありました。講演で大分を訪れたとき、唯一《ただいち》のところに挨拶にやってきたのが、当時、熊本県立人吉高校の生徒だった福田氏でした。

「カムカム英語」の大ファンだった福田少年は、念願かなってカムカム先生に直接会うことができたのです。そして、福田少年は、カムカム先生からたくさんのアドバイスをもらったと言います。それが大きな励みとなり、英語を深く学び、熊本大学の教授にまでなったのです。

いつかはカムカム先生にお礼が言いたい。常々そう願っていた福田氏は、上京の折に唯一《ただいち》の自宅を訪れたのです。あのころの恩に対して感謝の言葉を伝えるとともに、教育者となった自身の思いもぶつけました。

当時、世間では、盛んに「国際化」という言葉が叫ばれていました。国際化の第一歩として、まずは英語の習得がなによりも重要になってきます。ところが、教育現場を見てみれば、日本の英語教育にはまだまだ問題がありました。高校どころか、大学を卒業した学生でさえ、英語を自由に話すことができません。

「これでは国際化など進むはずもない。どうして日本の英語教育は進歩しないのだろう」

そう考えていた福田氏は、このとき、唯一《ただいち》にある提案をもちかけました。それは、これまでの「カムカム英語」のテキストを編集しなおして一冊の本として出版しないかというものでした。

この福田氏の提案に、唯一《ただいち》の英語への情熱がふたたび大きくなります。

「生きた英語の種まきはまだ終わっていない。それどころか、いまこそもう一度、種まきを始めなければならない」

最初の予定では、これまでの「カムカム英語」のテキストを項目ごとにまとめた合本のようなものを考えていたのですが、いざとりかかると、もう唯一《ただいち》の情熱はとまりません。まずはこれまでの膨大なテキストから二〇のスキットを選び出し、そこからはすべて書き下ろしということになりました。

毎日、朝の四時から午前中いっぱい、唯一《ただいち》は執筆に専念しました。唯一《ただいち》の熱意は、相当に高いものだったのです。この本で特筆すべきは、発音記号などはいっさい使うことなく、すべてをカタカナ表記にしたことです。これは、唯一《ただいち》がラジオで「英語会話」を教えていたころからテキストでやっていた方法で、当時、学校で行われていた英語教育とはかけ離れたものでした。

しかし、読む側にすれば、カタカナ表記はアメリカ人が発音するとおりにカタカナがふってあり、とてもわかりやすいのです。テキストに書かれているカタカナを読めば、そこに「生きた英語」が表れます。

テキストとともに、唯一《ただいち》はみずからもテキストに書かれた英語を吹き込みました。それは六十分テープ二巻になりました。テープから流れてくるカムカム先生の英語を聞きながら、テキストに書かれたカタカナを読むことで、自然と生きた英語が話せるようになるのです。これこそが唯一《ただいち》が実践してきた英語会話の指南です。

こうしてできあがったのが『みんなのカムカム英語』(毎日新聞社)です。この本を企画した福田氏にもまた、彼なりの思いがありました。もちろん、唯一《ただいち》への個人的な思いもありますが、それだけでなく、一人の英語教育者としての夢も抱いていたのです。

●カムカム英語はいまこそ最適の教材●

福田氏はこの本のなかで、「カムカム英語の特色」という文章を寄せています。

「平川唯一講師担当のＮＨＫ英語会話講座は不思議な魅力を備えた番組であった。

証誠寺の狸囃子のメロディにのってカム・カム・エブリバディで始まり、レッオール・カム・エン・ミータゲン、シィンギング・ツラ・ラ・ラで終わる夕方の15分間は、いながらにして生きた英語を楽しく学べる時であった。毎週の教材は平川講師苦心の作で、ユーモアに満ち、ほのぼのとした情感があり、講師の声はやさしく、暖かく、情熱にあふれ、聴く者の心をつかんではなさなかった。実際この15分間には、『英語を教えること』と『世の中を明るくすること』の2つの願いがこめられており、この目標は両方とも達成されたのであった。当然ながらこの番組は圧倒的な人気をもって迎えられ、これは全ラジオ番組のベスト3に入り、平川唯一の名は当時、マッカーサーと吉田茂に次いで3番目に有名であったという。

昭和21年2月から5年間続いたこの番組は、26年2月まででＮＨＫの放送から消え、それから30年の歳月が流れた。この間、英会話熱はますます盛んになり、今では小学生対象の教材だけでも１５０種を超す勢いである。それでも、あれほどの人気を博したカムカム英語は再び脚光を浴びることもなく当時のファンたちの思い出の中にのみ生きてきた。私も中学２年から高校までカムカム英語を聴いたおかげで英語が話せるようになったひとりだが、大学を出てこの20年間、大学で英語を教えて暮らしてきた。そして最近カムカムテキストを読み返してみて、その内容が他の追随を許さない優れたものであることを知り、改めて驚嘆した。カムカム英語は、懐かしのメロディのようにただ思い出の中に次第に忘れられていってもよいものではない。その内容はいつまでも新しく、これは永遠の生命をもつ教材であると思う。

カムカム英語の魅力は、何といってもあの独特の語り口にある。79歳にして今なお往年の名調子を保持しておられる平川先生自らが吹き込まれたカセット教材が利用できるようになったことは、これから生きた英語を学ぼうと思う人にとってたいへんありがたいことである。英語を学ぶには英会話をやるのが最も確実な方法だ、というのが私の信念であるが、カムカム英語がどのような点で類書に抜きん出た教材であるか、また、これを勉強することがどうして英語習得の近道であるかについて私の考えを述べてみよう」

そして、福田氏はこの本のなかで、「カムカム英語」がどれだけ優れているかを具体的に解き明かしています。赤ちゃんの口真似方式のすばらしさや、発音をカタカナ表記にするメリットなどを、一教育者の視点から分析しているのです。

福田氏は、次のように締めくくっています。

「カムカム英語は、一見、幼稚に見えるが、その中にはこれに一生を捧げた平川唯一氏の、日本の英語教育改善にかける情熱がみなぎっている。著者の第一目標は全国1000万の小学生である。語学は10歳ごろまでにやらないと本物にならないと言われる。わが国でも英語の早期教育が叫ばれながらも、その実現の見込みはない。著者はここに会話の原点というべき教材を提供し、戦後35年の学校教育が果たし得なかった『話せる英語』の実現を、ゆとりの教育という小学校の場と家庭という場ではかろうと念願しているのである。

今の日本には、何とか英語を話せるようになりたいと思っている人は年代の如何を問わず多い。このカムカム英語はそのような国民的要望に応えるだけの内容をもった教材である。これは家庭で親と子が一緒に勉強するのに最適の教材であり、親子の対話の一助にもなるであろう。そしてまた、学校英語でどうしても英語についてゆけない中学生、高校生も本書の利用によって自信をもって英会話を学ぶことができるであろう。

平川唯一氏の一生は、その名の示すとおり、カムカム英語を『唯一』の仕事としてきた人生である。生涯の夢をかけた英語会話書、それが『カムカム英語』である」

『みんなのカムカム英語』の出版記念パーティ（1981年4月）

この本が出版されたのは昭和五十六年（一九八一年）ですから、いまから四十年も前のことです。しかし、この福田氏の文章を読み返すと、まさに現在の教育現場にも当てはまることが多いと感じます。

昭和五十六年四月、『みんなのカムカム英語』は刊行され、出版記念会が行われた日本出版クラブには、さまざまな業界から二〇〇人もの人がお祝いに駆けつけました。多くはかつてカムカムベイビーだった人たちです。

このときのスピーチで、当時、文部省の主任調査官であった小笠原林樹《おがさわらりんじゅ》氏は、次のように述べています。

「いまの日本の英語教育ではダメです。学校では『カムカム英語』のような指導をしなくてはいけないと私は思っています」

文部省の主任調査官といえば、学校教育の根幹を担っている立場です。現状の教育を否定することは、すなわち自分や文部省をも否定することになります。その小笠原氏が、このように「カムカム英語」を称えたのですから、会場からは驚きと称賛のどよめきが起こりました。私も出席していましたので、あのときの会場のどよめきはいまでも思い出されます。

唯一《ただいち》はおそらくこのとき、自分に与えられた役割が完遂したような満足感を得たただろうと思います。出版記念会を収めた写真には、タキシードを着てご満悦な表情の唯一《ただいち》が写っています。

園遊会で陛下と対面

そして、昭和五十六年春の叙勲が発表されました。唯一《ただいち》には勲五等双光旭日章が授与されました。唯一《ただいち》が七十九歳のときです。

まったく公職についたことのない者が叙勲の対象に選ばれることはきわめてめず

らしいことです。そして、それだけでなく、唯一《ただいち》の叙勲はその年の目玉として多くのメディアで取り上げられたのです。唯一《ただいち》の名前が新聞各紙に躍ったのは、「カムカム英語」の放送が終わることになった昭和二十六年以来のことでした。

その年の十月二十八日、唯一《ただいち》は「秋の園遊会」に招待されました。昭和天皇のお姿を見ることができると、唯一《ただいち》が緊張の面持ちで皇居を訪れると、宮内庁の職員から声をかけられます。「この場所でお待ちください」と、唯一《ただいち》が立つ場所まで指定されました。

どういうことかと思っていると、そこに昭和天皇が現れたのです。そして、二〇〇名近い参加者のなかで、昭和天皇は最初に唯一《ただいち》のところに足を運んでくださいました。

目の前に昭和天皇の姿がありました。陛下は唯一《ただいち》に言葉をかけました。

「いまは何をしていますか」の問いに、唯一《ただいち》が「いまは子供たちに英語を教えています」と答えると、陛下は、

「英語をやってくれてありがとう。これからもますます英会話の勉強を広めてください」（「東京新聞」昭和六十三年十月二日付）

秋の園遊会で唯一(右から３人目) にお声をおかけになられる昭和天皇
(1981年10月28日、東京都港区の赤坂御苑で)　(写真提供＝共同通信社)

と唯一《ただいち》にお言葉をかけてくれました。

唯一《ただいち》は緊張のあまり足がつって動けなくなったそうです。

ちなみに、このとき妻、よねも園遊会に招かれていたといいます。しかし、よねは出席しませんでした。

「私もお招きいただいたんですが、そのような資格はございませんのでと拝辞して、平川だけが出席しました」(前掲紙)

思えば唯一《ただいち》は、つねに日

本とアメリカの架け橋でありたいと願ってきました。日本人とアメリカ人の心をつなぐことが、自分に与えられた使命でもあり運命でもあると信じてきたのです。そして、そんな唯一《ただいち》の思いを、昭和天皇は十分に理解されていたのだろうと思います。昭和天皇が唯一《ただいち》の「カムカム英語」を聞かれたことがあるかどうか、それは知る由もありませんが、ただ一つ言えることは、昭和天皇と平川唯一《ただいち》は、たしかに同じ時代を生きてきたということです。

平川唯一《ただいち》のカムカム物語は、この昭和天皇の言葉でエンディングを迎えたのかもしれません。

エピローグ

「平川先生の声をラジオではじめて聞いたのは、昭和二十四年ごろだったと思います。それからは夕方になると、ラジオの前で生きた英会話を教わりました」

そう思い出を語るのは、伊藤忠商事副社長からのちに国際デジタル通信の社長を務めた降旗健人氏です。旧制中学四年生のころから「カムカム英語」を聞きはじめた降旗氏もまた、熱心なカムカムベイビーの一人でした。大学時代には同志を集めてカムカムクラブを結成しています。唯一《ただいち》の自宅にもよく訪ねてくるほどで、唯一《ただいち》も彼のことをかわいがっていました。

「平川先生には親しくしていただき、地方の大会などにお供する機会もありました。英語だけでなく、全人格的なものに感銘を受けるようになりました」

降旗氏は、慶應義塾大学を卒業して伊藤忠商事に入社。その後、伊藤忠商事副社長、伊藤忠アメリカ会社の社長を務め、セブン-イレブンを日本に誘致するのに尽力。そして、日本、イギリス、アメリカ合弁の国際通信会社の経営を託されるまでになったのです。

降旗氏は旧制中学四年生のころ、松本に疎開していましたが、町なかを歩くアメリカ兵と話をすることすらできませんでした。そんな中学生が、「カムカム英語」との出合いによって立派な国際人として活躍することになったのです。

このように、「カムカム英語」から世界に羽ばたいていった人は数えきれません。まさに父は、日本の国際化への種をしっかりとまいていたのです。

さて、本書でも述べてきたように、平川唯一《ただいち》が果たした役割は多大なものでした。終戦直後の日本に明るい火を灯し、子供からお年寄りまで、一時《ひととき》の楽しい時間をプレゼントしつづけました。「カムカム英語」の放送を通して、英会話の技術ばかりでなく、アメリカの文化や価値観をわかりやすく日本人に紹介しました。

ソニーの創業者、井深大《いぶかまさる》氏はこう言っています。

「日本に民主主義を運んできたのは平川唯一《ただいち》さんだ」

こんなふうに活字にすれば、ほんとうに偉大な人物のように思えますが、私たち子供にとっての平川唯一《ただいち》は、やさしく、穏やかな父親でした。「カムカム英語」が始まってからの父は忙しく、ほとんど子供と遊ぶ時間はありませんでした。それでも忙しい合間を縫って、ドライブに連れていってもらったり、近所に散歩に出かけたりしたものです。

父はとてもオシャレな人で、ちょっと近所に出かけるだけでも、きちんとネクタイをしていました。パリッとしたスーツを着こなす父が、私はとても自慢でした。

とにかく父に叱《しか》られたという記憶があまりないのです。叱られた覚えがあるのは厳しかった母ばかりで、父は子供たちが何をしようが自由にさせてくれました。そして、子供たちへのアドバイスといえば、「いいことだけを思っていなさい」ということだけです。悪いことを考えることなく、いいことにだけ目を向けること、それが幸福につながる道であることを教えてくれました。

幼いころから厳しい環境のなかで生きてきた父は、つらいことに目を向ければきりがないし、たとえつらく苦しい日々だとしても、そこには必ず楽しいことが潜んでいるはずであり、そこに目を向けることで明日への希望が湧いてくるということを伝えたかったのだと思います。

父はたしかに日本でいちばん有名な英語会話講師でした。それは私たち子供にもわかっていました。でも、自分が英語会話を教えているからといって、父が子供たちに英語の勉強を強いることは決してありませんでした。もっとも、つねに英語がある環境でしたから、自然に英語は身についていきました。

そんな私が一度だけ父に指導を仰いだことがありました。私は自由学園という学校に通っていたのですが、父が通っていたアメリカのハイスクールで「雄弁大会」が行われていたように、私も自由学園時代にそれと似たような大会に出場することになって、有名なリンカーンのスピーチ「Gettysburg Address」をやることにしました。

リンカーンのスピーチを覚えること自体は、たいして難しくはありません。私は英語が得意でしたから、すぐに暗記できました。しかし、スピーチで重要なのは、いかに聴く人の心に訴えるかということです。それには高度な発声法と抑揚が求められるため、普通に英語を話すアメリカ人にもできることではありませんでした。

私は父から、正しい発声法と、聴く人を引きつける抑揚を叩き込まれました。さすがワシントン州立大学で演劇を専攻していただけあって、父のスピーチはすばらしいものでした。

「正しい発声法をすれば、声をからすことなく一〇〇メートル向こうにいる人まで声が届くものだ。スピーチはそれくらいの迫力がなくてはいけない」

そう教えられて、私は父の指導のもとに練習を繰り返したものです。そのおかげで先生からは、

「あれだけのスピーチができる人は日本には誰もいないだろう。いや、アメリカ人でさえできないと思う」

と言われました。

ともかく、正しい発声法を身につけた私の声はとてもよく通ったために、高校時代の体操会での号令は私がやらされたものです。家で私がスピーチをすると、そばにあったピアノの弦が振動していました。これが父と私との「英語」の思い出です。

本書を書くにあたって、アメリカに住む私の妹、萬里子にメールを送りました。

「いま、父のことを書いているのだけど、萬里子にとっての父との思い出を教えてくれる？」

すぐにアメリカから返信がありました。メールにはこう書かれていました。

「私は末っ子だったので、父はとくに甘かったと思う。子供のころ、一カ月に一度、三軒茶屋の縁日があって、よくそこに手をつないで出かけたのを覚えている。当時の父はほんとうに有名人でしたが、ラジオというメディアですから、実際に父の顔を知っている人は少なかったので、自由に街なかを歩きまわることができました。むしろ母のほうが、『カムカム先生の奥様』として近所では有名でした。いずれにしても、縁日の思い出と父の手の温もりは忘れられない」

父が萬里子をとてもかわいがっていたことは、私も記憶にあります。急に雨が降った日などは、父は萬里子を学校まで迎えにいっていました。当時はまだ自家用車をもっている人など少ない時代です。しかも、イギリス製の外国車で学校まで迎えにいくのですから、萬里子の友達はみんな驚いていたようです。さすがにこのときは恥ずかしかった、と萬里子は言っていました。

萬里子は、こんなふうに言います。

「父から私が学んだいちばん大きなことは、自然と物を大切にするということよ。自分の持ち物を大事にするのは当たり前だけど、それ以上に人様から借りた物は大事に扱わなければいけないと教えられました。お返しするときには、借りたときよりもきれいな状態にしなくてはいけないよ、と。この教えはいまも守っています。自然を愛し、自分の持ち物を大切に扱う。その気持ちは私の生涯の生き方を支えてくれた」

神田生まれの母親にうながされ、習い始めた日本舞踊と長唄三味線（名取取得）の技術と、父親から学んだ英会話を活かし、父が百年以上前に通ったシアトル・ブロードウェイハイスクール（現在、シアトル・セントラルカレッジ）で、そしてイタリア（ナポリ）と全米一〇州に点在する弟子たちにズームを通して日本伝統芸能を英語で教えています。

日本舞踊、三味線ができる人はたくさんいますが、ネイティブな英語で教えることができる人はあまりいません。萬里子は両親のおかげで、両方のスキルを身につけることができたのです。また、カムカム英語ならぬ、カムカム日本語クラブを開き、アメリカの子供たちは、「来い来いみんな来い、こんにちは、でごきげんさん」と日本語で歌い、父の逆をいく「生きた日本語」も教えていました。

父は日本でアメリカの言葉と文化を伝えました。そして、その娘はアメリカで日本語と日本文化を伝えています。日本と外国との懸け橋を築くことの大切さ——私が貿易会社を創設したのも、そんな精神がどこかに宿っていたからかもしれません。

「Be different.――人と同じことをするな」

父がよく口にしていた言葉です。自分の生き方は世間が決めるものではない。子供の人生は親が決めるものではない。人間には自由に生きる権利が与えられている。自由であることの大切さ。それこそが、民主主義の根幹である、と父は子供たちに伝えたかったのだと思います。

「Be different.――人と違うことをやれ」

父のこの教えは、私のなかにも知らないうちに根づいていました。私は大学を卒業すると、あるメーカーに就職をしました。私自身は英語を活かして、世界じゅうでビジネスをしたいと考えていたのです。そのメーカーには海外と取引するような部署がなかったので入社を決めました。

そこで、私は、「貿易部を創設したい」と上層部に直談判し、その熱意が通じて貿易部を牽引していくことになったのです。まったくの若手社員であるにもかかわらず、そんな大胆な行動を起こせたのも、もしかしたら父の「人と違うことをやれ」という言葉が後押ししてくれたのかもしれません。

そうして海外を飛びまわるビジネスをしていたのですが、あるとき父が私に言ったのです。

「貿易の仕事をするのは、それでいい。しかし、三菱商事や三井物産と同じことをしていても勝てるわけはない。これまでにないような新しい方法でビジネスをしてはどうか」

このひと言で、私は東南アジアの各国のテレビ局に連絡をとり、得意のウクレレを演奏してプログラムの最後に販売したい商品を宣伝しました。それが大あたりとなり、瞬く間に代理店を設置することができました。

十年後、私は自分の手で貿易会社を立ち上げる決心をしました。自分が思ったようなビジネスを展開してみたい。大きな商社ではできないようなビジネスがきっとあるはずだ。こうして私は、Be different. を胸にHory商事を設立しました。

英語は自由に操ることができますが、公式なビジネス文書を書くのはまた違うものです。会社を立ち上げた当初は、ずいぶんと父に文書書きを手伝ってもらいました。さすが十九年間もアメリカで暮らしただけあって、父の書くビジネス文書は完璧なものでした。父の書いた文章はいまでも大事に保管しており、ときどき読んでは父の英語力に浸っています。

会社の経営をすると同時に、私は慶應義塾外国語学校で英会話を教えたり、大好きなウクレレの演奏に時間を割いたりしていました。若いころからウクレレを趣味にしていたのですが、知らないうちに演奏の技術がどんどん高くなっていき、クラウンレコードからCDを出さないかという話も舞い込むほどになったのです。

ウクレレはいまも私のライフワークとして続けています。講師として全国をまわり、演奏会も各地で開いています。これは気恥ずかしいのですが、私は「日本のウクレレ界の第一人者」といわれています。会社を経営しながら英会話を教え、さらにはウクレレのCDも出す。こんな人間はめずらしいでしょう。私は意識することなく、「人と違うこと」を実践してきたのです。

私は貿易会社の経営やウクレレと英会話の講師に忙しく、結婚が遅かったため、四十歳まで父と暮らしていました。父の晩年はとても楽しそうでした。テニスを楽しみ、自宅で英会話を教え、庭に出ては日曜大工に励んでいたものです。

私が三十五歳のときですから、父が七十五歳くらいだったと思います。父を故郷の岡山県津川村に連れていったことがありました。連れていってくれと頼まれたわけではありません。私が兄に提案して、二人で連れていくことに決めたのです。父がほとんど故郷に帰らなかったのは、母への遠慮もあったのだと思います。でも、心のどこかではきっと故郷の風景を見たいと願っているはずだと思い、父を津川村に連れていくことにしたのです。

故郷では、懐かしい人たちとの再会がありました。とくに、幼いころからよく遊んでいた従兄弟との再会に、父はほんとうにうれしそうでした。父の昔のガールフレンドの家も訪れました。数十年ぶりの再会に、二人の笑顔がはじけていました。おそらく、ここに来られるのもこれが最後だろう。私たちも父も、そんなふうに感じていました。あのときの父の笑顔は、まるで少年のようでした。その笑顔を見られただけで、連れていってよかったと心から思います。

平成五年（一九九三年）に入ると、父の体は少しずつ弱っていきました。この年の五月ごろに書かれた、父のメモがのちに見つかりました。そこには、「あと三カ月」と記されていました。もう長くはないということを、自分自身で感じ取っていたのでしょう。

自宅近くの病院に入院することになりました。気管支を悪くしていた父は、ベッドの上でとても苦しそうでした。毎日、私は見舞いに行くのですが、そのたびに父の苦しそうな姿を見ることになります。あるときなどは耐え切れずに、つい医者につっかかったりもしました。

「あんなに苦しんでいるのに、なんとかできないんですか？」

医者を責めてもしかたのないことはわかっています。それでも苦しそうな父の姿を見ていられなかったのです。

父の容体が悪いことを知った丸山一郎さんが、千葉県習志野から駆けつけてくれました。父が認めた、ただ一人の弟子です。丸山さんは習志野バプテスト教会で牧師としての活動をされていました。

丸山さんは父のベッドの横に立ち、手を握って耳元でお祈りをしました。すると、それまで苦しそうにあえいでいた父の息づかいがスーッと楽になっていったのです。

きっとそこには、

「君は、英語と信仰とを引き継いだ、私のたった一人の弟子だ」

と父が認めた丸山さんとの深い絆《きずな》、そして天国での再会の希望が存在していたのだ、と私は思っています。

平成五年八月二十五日午後二時四十分、父は天に召されました。享年九十一。

父が亡くなったという知らせを、母は自宅で受けました。とにかく一刻も早く唯《ただ》一《いち》のもとに駆けつけたい。しかし、家には誰もおらず、どうしてよいのかわかりません。頭も混乱していました。

在りし日の唯一

母は思わず警察に電話をかけたのです。警察に言ったところで何も解決するはずはありませんが、母の電話を受けてお巡りさんがパトカーで駆けつけてくれたのです。そして、母はパトカーに乗せられて、父の待つ病院に行くことができました。

たしかに、父は有名人では

ありましたが、だからといってお巡りさんがパトカーで迎えにくることなど考えられません。それは明らかに警察の仕事ではありません。きっと迎えにきてくれたお巡りさんは、父と言葉を交わしたことがある人なのだと私は思っています。平川先生のために何かをしたい。そんな気持ちを抱いてくれていたのでしょう。もちろん後日、私は母を連れて、警察署にお礼を言いにいきました。

父の葬儀は、牧師である丸山さんの日本語と英語の司式によって、世田谷キリスト教会で執り行われました。葬儀の前夜祈禱式には、多くのカムカムファンが教会を訪れ、その人たちには、母が記した言葉を一人ひとりに手渡しました。

母はこのような言葉で父を見送りました。

朝ぼらけ　さやかに知るや　秋の風。

思えば五十有六年みなさまのおかげをもちまして、いつの間にやら過ごして参り、ここに比翼の鳥、連理の枝と相なりました。九十一歳とはいえいつまでもこの幸せな生活が続くものと願っていましたが、主人、平川唯一《ただいち》の生涯はカムカムのファンの方々に支えられ花の生涯と、いまはただ感謝の気持ちでいっぱいです。

有難うございました。

父の旅立ちに際して、多くの方々から弔辞が届きました。さまざまな世界で活躍している方々から、ほんとうに一般の聴取者の方々まで、数えきれないほどの手紙が届けられました。

そのなかから一通、ソニーの創業者の一人である盛田昭夫氏の弔辞を紹介します。ちなみに、盛田氏が、製作した第一号機のテープレコーダーをわが家にもってこられて、唯一《ただいち》の声を吹き込んでいたのを覚えています。


平川先生の御霊前に謹んで申し上げます。

戦後の惨禍のなかでどうして立ち上がろうかと皆が思い悩んでいるとき、「カムカムエヴェリボディ」と平川さんは我々を勇気づけて下さいました。私達も小さな会社をはじめて何かをやろうと決心した若者の集まりでありました。資源もエネルギーもない日本は、それを得るために外国を相手にして外貨をかせがなければと思っていましたので、平川英語に皆が飛びついたのでした。私達が昔、教わったのとは違った英語へのアプローチでしたから、感銘が深かったのです。

日本で最初のテープレコーダーをつくった我々を、言葉の教育になくてはならぬものだと勇気づけて下さいました。

今や世界の経済大国となった日本の浮上の原動力となったのがカムカム英語だと信じています。

いつまでもお元気な方だと思っておりましたのに、御逝去《せいきょ》を知り誠に残念です。国民の一人として先生に心からの御礼を申し上げ謹んで御冥福を祈ります。

「経済大国となった日本の浮上の原動力だ」と盛田氏は言っています。英語会話講師がそれほど大きな原動力となっていたのかといわれると、少し大げさではないかと思うのですが、どうやら父の影響力は想像以上に大きかったようです。

たとえば、富士銀行（現・みずほ銀行）で頭取まで務めた橋本徹氏もまた、父の「カムカム英語」に感銘を受けて世界へ羽ばたいていった一人でした。橋本氏は岡山県高梁市の出身。いわゆる父の郷土の後輩にあたります。郷土の先輩でもある父を心から尊敬し、慕っていた人物です。「カムカム英語」に影響された橋本氏は、将来は英語を活かせる外交官になりたいと思っていました。

ところが、大学を卒業するとき、「銀行もこれからは国際化の時代だ」と富士銀行から誘われたのです。そして、橋本氏はロンドン、シカゴの子会社勤務などを経て、頭取にまで駆け上がったのです。

盛田氏や橋本氏のように、日本の力を復活させるために尽力した〝カムカム赤ちゃん〟は数えきれないほどいるでしょう。もちろん、名のある人たちだけでなく、市井《しせい》で一生懸命に生き、父の「カムカム英語」から夢をもらった人たちは数えきれません。

父が「カムカム英語」を担当していた九年六カ月（民放も含めて）のあいだ、じつに五〇〇万通ものファンレターが放送局に届けられました。五〇〇万通というのは、単純計算して一年で五万通として、一カ月で約四〇〇〇通にものぼります。父は、その届けられたファンレターのすべてに目を通していました。全部に返事を書くことはできませんが、すべて読んでいたのです。どこにそんな時間があったのか不思議でしかたありません。

そして、もう一つ驚かされたことは、その数十万通のファンレターはすべて父が保管していたということです。ほんとうに父は、「カムカム英語」を聴いている人たちを自分の子供のように思っていたのでしょう。

現在、岡山県高梁市にある高梁市歴史美術館には、父の資料とともに五〇万通のファンレターの一部が保管されています。美術館職員のみなさんが資料の管理をしてくださっていますが、それは大変な作業だと思います。家族もとても感謝しています。

後年、丸山さんから、こんな話を聞かされたことがあります。丸山さんはバプテスト教会を建てたときから、教会に子供たちを集めて英会話教室を開いていました。教えるのは師から受け継いだ「カムカム英語」です。

あるとき、丸山さんは、父に特別授業をしてくれませんかと頼んだのです。もちろん、父は二つ返事で引き受け、習志野まで出かけていきました。そこで子供たちに特別授業をしたあとで、父は子供たちにこう語りかけたそうです。

「君たちのなかで、自分は頭が悪いから、英語がなかなか覚えられないと思っている人もいるかもしれない。でもね、そんな君のほうが、頭のいい人よりも英語が上手になるんだよ。頭がよくてすぐに覚えられる人は、覚えるのも早いけどすぐに忘れてしまう。でも、覚えるのが遅い人は、何度も何度も繰り返して、たくさんの時間をかけて覚えるでしょ。そうやって努力して覚えた英語は、ずっと頭のなかに残っているんだよ。私もそうだったからね」

頭がよくなくてもかまわない。不器用でもかまわない。そんなことは人生には何も関係がない。大切なことは、一歩ずつ努力をしながら、前を向いて歩いていくこと。いまが苦しくても、歩いていれば必ず道は開けてくる。立ちどまらずに、しっかりと前を向いて歩いていくこと——父が子供たちに教えたかったのは、そういうことだったのだと思います。

そして、その歩みは、平川唯一《ただいち》自身の人生の歩みでもあったのです。

平川唯一《ただいち》の物語を書き終えたとき、私はあらためて父という人間の大きさとやさしさに包まれた思いがしました。心からの敬意を表して、父に言いたいと思います。

「ダディの人生、そして、ダディの生き様こそが、Be different. そのものですよ」

おわりに

「カムカム先生」「カムカムおじさん」の人物伝、いかがでしたでしょうか。

かつて熱心に唯一《ただいち》の放送をお聞きになったカムカムベイビーたちや、夕方、ラジオから流れる♪Come, come, everybody. の歌を耳にしたことがある方々は、きっと懐かしい気持ちでお読みいただけたことと思います。

そして、平川唯一《ただいち》という人物をはじめて知る方にとっては、

「十七歳の小学一年生？」

「終戦の詔書の英訳を読み上げたアナウンサー？」

「戦後すぐ、こんなに楽しくて役に立つ英語会話の番組をつくった人がいたの？」

と、驚きの連続だったのではないでしょうか。

「自分も『カムカム英語』と出合えていたら、英語が好きになれたのに」と思われた

方も多いかもしれません。

平川家の次男として生まれた私は、いちばん長く父と母のそばにおり、自分のなすことに決して限界を設けず、すべてに全力で一生懸命で、人の幸せのために喜んで身を粉にして行動する父の姿を見て育ちました。

だからといって、父は窮屈な生き方をしていたわけではありません。愛車でのドライブやテニス、料理など、自分の人生を楽しむことも忘れない人でした。今回、父について、みなさんによりわかりやすくお伝えするため、さまざまなエピソードを紹介しながら、その生涯を時系列でまとめるかたちをとっています。

岡山県津川村（現・高梁市津川町）の貧しい農家に生まれた父は、学校の時間以外、大きな牛を川まで引っ張って水を飲ませ、テニスコート一〇面ほどもある畑をくる日もくる日も耕していたといいます。父親を連れ戻すためにアメリカへ渡る十六歳まで、大人に負けじと無我夢中で働いたのです。

そんな過酷な体験をしていたからこそ、アメリカで経験する鉄道の保線要員の仕事や、商店の倉庫業務、書生生活も、まったく苦にならないどころか天国のようだったと語っていました。

父はアメリカで体験する一つひとつに深く感動しつつ、次々に新しいことにトライしていきます。ABCもろくに知らない自分を奮い立たせ、十七歳で小学校に入学し、そこで「母国語」として英語を習うアメリカの子供たちと一緒になって英語表現を身につけたのです。

ハイスクールの雄弁大会では、決勝に残るほどでした。ワシントン州立大学を卒業後も全力で物事にあたり、牧師補の免許も取得、また役者としてハリウッド映画への出演を果たしています。そこで培《つちか》った英語表現は、「カムカム英語」のシナリオ作成に役に立ったと話していました。

日本に帰国後、父は社団法人日本放送協会（NHKの前身）で海外放送のチーフアナウンサーを務めます。戦後は、GHQの司令部の人たちにもよく知られており、マッカーサー元帥にもその存在を認められていたようです。

その後、一度はみずから辞した日本放送協会でラジオ英語会話を担当することになり、毎日の生放送の準備に追われるなかで、テキスト出版のために奔走し……。

簡単に記しただけでも、まさに波瀾万丈《はらんばんじょう》の人生だったといえます。

こうした父の人生をまとめる作業のなかで、父とかかわりのあった方々からあらためてお話をうかがい、NHK出版の『カムカム エヴリバディ』では取り上げていなかった資料にあたることで、数々の新たな発見がありました。

そしてなにより、思い出のなかの父と久しぶりに存分に話し合えたような気がして、私にとっては非常に楽しく、充実した日々でした。

ちなみに、NHKで「カムカムエヴリバディ」と題して朝ドラがスタートすることになったおかげで、『平川唯一のファミリーイングリッシュ』(南雲堂)が少し現代風の言い回しにあらためて復刻される運びとなりました。この本でいま、実際に使われている現代英語を習得していただきたいと心から願っています。そして、父、唯《ただ》一《いち》のスピリットを感じていただければ幸いです。

最後に、妹の萬里子、私の子供の慶一、藍、もう一人の妹の睦美の娘である加賀屋波奈子からの、父、唯一《ただいち》に贈るメッセージを紹介しましょう。

大野萬里子

カムカムエヴリバディのNHKラジオ番組が始まると、自然とゼンマイ仕掛けの人形のように踊って歌っていた、文字どおりのカムカムベイビーでした。

あれから七十五年、「カムカム英語」の放送を聞いてくださった方々が世界じゅうにいらっしゃることを知りました。父のライフワークである「生きたカムカム英語」はいまも生きつづけていると肌で感じることができ、心温まる思いがしました。

終戦後のつらく苦しい日々はきっと、いまのコロナ禍に等しいものだったのではないかと想像します。その暗い日本に、明るくハッピーな十五分を届けたいという父、平川唯一《ただいち》は、愛と情熱をもって毎日マイクに向かい、Good evening, everybody, Good evening. と明るい声で聴取者に話しかけていました。

「赤ちゃんのように、楽しく口真似をしながらおしゃべりしているうちに、自然と英会話ができるようになるんですよ」と言う父の優しい声は、きっとあの当時の荒《すさ》んだ人びとの心を癒《いや》してくれたことでしょう。

放送用の原稿を書いているとき、幼い私がときどき父のスタディ（書斎）をのぞき見すると、満面の笑みを浮かべて原稿を書いている父の姿を見て、「何が楽しいのかしら？」と不思議に思っていました。コロナ禍のいまだからこそ、カムカムエヴリバディのスピリットが必要なのではないかと思います。この『「カムカムエヴリバディ」の平川唯一《ただいち》』の本が、みなさまの明るい未来への指針となりましたらうれしいかぎりです。

平川慶一

祖父はとても物静かな人でした。そのぶん祖母は饒舌《じょうぜつ》で、いつも元気よく話しかけてくれたのを覚えています。「私は神田っ子よ！」と元気いっぱいで、晩年もカリフォルニアのディズニーランドに行って一緒に遊んだほど活動的でした。祖父は祖母のリードで行動していたことが多かったように思います。

祖父はいつも二階のきれいに整頓された書斎か、一階リビングのソファに座って、煙草を吸っていました。そんな煙草臭さとホコリ臭さが混じった、独特の部屋のにおいでしたが、私はそれが嫌いではありませんでした。

あるとき私は、二階の書斎にこもって作業をしている祖父を、こっそりのぞきにいったことがあります。独特のにおいと、寡黙にデスクに向かう祖父を見て、幼心に、「祖父には自分の世界があって、邪魔しちゃ悪いな」と思っていました。

そんななか、一九九三年に祖父が亡くなって、いろいろな資料を目にし、いかに祖父が偉大であったかを知りました。「カムカムの音源テープ」「ラジオＤＪや天皇陛下とテニスをしている写真」「ハリウッド映画に出演した映像」など、たくさんの記録がありました。テープの声は明るく楽しそうで、写真ではいつも笑顔。映画の中での演技も立派で、私は「家の中と外で、こんなにも表情が違うんだな」と思いました。家では自分の世界に入り込み、「自分の気持ち」や「活動」を整理する大切な時間だったんだろうなと思います。

二〇一七年、祖父のひ孫にあたる息子が生まれました。祖父と同じく日本そして世界にインフルエンスを与える人間に成長することを願い、祖父の英語名Joeを取り丈一郎と命名しました。

松尾藍

祖父はいつも穏やかな様子で、リビングのソファに座っていた印象が強く記憶に残っています。祖母が私たちにあれこれ話しかけている様子を、祖父は静かに見守っていたのだと思います。

世田谷区若林の家の奥には英語を教える教室があり、一般の子供たちと一緒に祖父の英語のレッスンを受けていました。子供が楽しめるように、絵が大きく描かれた教材を使ったり、英語の歌を歌ったりして、勉強というよりは、遊びの延長という感覚で楽しい時間を過ごしていました。

ただ、子供向けであっても発音には妥協がなく、私のまちがった発音を優しく訂正してくれたこともありました。幼少期からプロの英語に接していたことで、英語への苦手意識をもつことなく、大人になっても、学業や仕事で英語を使うことを「楽しい」と思うことができており、子供時代の大変ありがたい経験だったと感じます。

祖父が亡くなったのは、私が小学校低学年のとき。葬儀には多くの方が参列していた様子をよく覚えています。祖父という私にとっては身近な存在が、いかに多くの方に尊敬され愛されていたか、その偉大さを最後のお別れのときにはじめて実感しました。

二〇二〇年、祖父のひ孫にあたる、私の娘が誕生しました。カムカムスピリットを受け継ぎ、グローバルに活躍する女性に育ってほしいと願っています。

祖父の思い出を、思いつくままに書き出してみました。

加賀屋波奈子

・とにかく常にニコニコして怒ったところは見たことがなく、ただただ優しい
・家の中でもピシッとスーツを着こなしている
・動物が大好きですぐに仲良くなる
・祖父がアロハ（飼い犬）の毛をカットして、アロハが子ヤギみたいになっていた
・何でも手づくりしてしまう。自作のダイニングテーブルに木製の栓抜きを取り付けていた（瓶ビールを飲むのに栓抜きをもってこなくてもよいように）。

とにかく、私は祖父のことが大好きでした。いまでもとっても逢いたいし、祖父に恥ずかしくないように生きていきたいと思っています。

ここで、もう一人、昭和二十一年から二十五年までＮＨＫの受閲室で唯一《ただいち》と同室だった立野玻満子さんのメッセージを紹介しておきましょう。

立野玻満子（九十六歳。アメリカ・サンディエゴ在住）

私と先生、そして一七名のスタッフは仕事を共にしました。私が受閲室に入ったのが昭和二十一年四月上旬、平川先生はそれから二カ月か三カ月後だったと思いま

す（私は結婚のためアメリカに来ました）。

渉外の部長さん、平川先生、運び屋さん方の意見が決まって、デスクが置かれた位置は壁に向かい、たったお一人でした。それで一八名の同僚は先生の背中ばかり見て、立ち上がっておしゃべりに行く人もなく、先生は特別な存在でした。

平川先生はとても穏和なお方で、お話しなさるときは笑顔を忘れず、丁寧で身繕《みづくろ》いも申し分なく、ジェントルマンとは彼のような方を指すのだと、あの当時もいまも思っております。

しかも、あの何もないないづくしで毎日を送っていたころ、陽気でゾクゾクするようなメロディで始まる英語の勉強プログラムを思いつかれるとは、大した方でした。きっと日本の将来を見越して、あの独特のスタイルを思いつかれたのでしょう。

令和の時代に、思いがけないかたちでふたたび脚光を浴びることになった父は、ちょっと照れながらも、ほがらかな声でみなさんに語りかけているはずです。

♪ Come, come, everybody.
さあ歌いましょう！

謝辞

さだまさし様には過分な推薦のお言葉を頂戴いたしました。田崎清忠先生（横浜国立大学名誉教授）、そして丸山一郎先生（習志野バプテスト教会名誉牧師）とお嬢様の松山るつ子様には全ページを長時間にわたって事実関係をチェックしていただき、校正のお手伝いもしていただきました。

本書の執筆にあたって、先の方々にお忙しい折にもかかわらず快く取材にご協力賜り、また貴重な資料をいただきました。心から感謝申しあげます。

石原慎太郎様、堀之内礼二郎様、小林玉樹様、小沼智子様、三宅裕子様、橋本徹様、降旗健人様、楠瀬明子様、福田昇八様、Ms. Carol Merz Frankel、Mr. Rodney Jay Anderson、Ms. Jean Schneider、山下恵美子様、山川浩司様、戸田英冠様、丹治誠様、ＮＨＫ放送博物館の方々、国立国会図書館員の方々、宮内庁職員の方々、外務省・

外交史料館の方々、宮田實様、川崎里菜様、遠野美地子様、藤原波奈子様、藤原太郎様、大沼邦江様、川口忠男様、椎名敏光様、倉田信久様、酒井恵生様、芹沢紀子様、竹市雅子様、武田静江様、土子民夫様、大野正様、ケニー小林様、岩淵純子様、五島由紀子様、田淵静枝様、松田浩様、内田雪枝様、国房尚様、鷹司信克様、鶴田安博様、平川友正様（順不同）。

ＰＨＰ研究所の代表取締役会長の松下正幸様、そして代表取締役社長の瀬津要様には親身なご支援を賜り、出版部の山口毅様には完成までの遠い道のりをお世話いただきました。

文筆家の網中裕之様には専門の立場から取材と資料の収集・分析と文章づくりを手伝っていただきました。さらに、月岡廣吉郎様には資料の吟味から編集、各種調整まで、多岐にわたってご尽力をいただきました。

そのほか、本書の刊行にかかわり、励ましてくださいましたすべてのみなさまに厚く御礼を申しあげます。それぞれの専門的研究に敬意を表すとともに、深く感謝の意を評します。

平川　洌

◉平川唯一・年譜

年号	西暦	年齢	事項	関係事項
明治三十五	一九〇二	0	二月　岡山県上房郡津川村（現・高梁市津川町）で、父定二郎と母民《たみ》のあいだに三人兄弟の次男として誕生。	
三十七?	一九〇四	2	このころ、父定二郎が米相場で多額の負債をかかえ、返済のため移民として渡米。	日露戦争（～05）。
四十?	一九〇七	5	一度帰国した父が、五歳のころふたたび渡米。	
四十一	一九〇八	6	四月　津川村立津川尋常高等小学校に入学。	米、日米紳士協約締結。
大正二	一九一三			米、外国人土地法成立。
三	一九一四	12	三月　同校尋常科を卒業。	第一次世界大戦（～18）。
五	一九一六	14	三月　同校高等科を卒業。家業の農業に従事。	
七	一九一八	16	九月　アメリカにいる父親を迎えに兄隆一とさいべりや丸で神戸港より渡米。十月　サンフランシスコ港到着。オレゴン州ポートランドで三人で保線要員として働く。	
八	一九一九	17	三月ごろ　ワシントン州シアトルに移り、古屋商店で働く。九月　英語の勉強に専念するため古屋商店をやめ、シアトル市立スワードスクールに入学（小学一年生となる）。スクールボーイとしてハモンド家に住み込む。このころ、父定二	

			郎、帰国。	
十一	一九二二	20	六月　スワードスクールを三年間で卒業。九月　シアトルのブロードウェイハイスクールに入学。	
十三	一九二四			米、移民法成立。日本人の移民が全面的禁止。
十四	一九二五	23	秋　同校恒例の「雄弁大会」に出場。決勝に進む一人に選ばれ、審査員の一人が一位に推す。	
十五	一九二六	24	六月　ブロードウェイハイスクールを卒業。同校卒業に際し、成績優秀につき北米日本人会より表彰される。九月　ワシントン州立大学に進学（物理学を専攻）。	社団法人日本放送協会設立。
昭和二	一九二七	25	二月　シアトル日本人会主催の英語演説会で一等賞を獲得。九月　大学二年で演劇科に移る。父定二郎亡くなる。兄隆一、帰国。	
四	一九二九	27	夏　夏期大学で行われた舞台「シンバリーン」で役者として高い評価を受ける。十月　日本に四カ月間滞在し、坪内逍遥氏の指導を受けて日本演劇を研究。この間に岡山に帰省。	ウォール街で株式大暴落。世界大恐慌発生。
六	一九三一	29	六月　ワシントン州立大学を首席で卒業。卒業	満洲事変。

年号	西暦	年齢	事項	関係事項
昭和六	一九三一	29	記念劇として「生ける屍」および「ペール・ギュント」の公演に際し、同大学演劇科ジェームス教授の推薦によりシアトル市経営のシアトル・レパトリー・プレイハウスに出演。七月　シアトルＹＭＣＡの招聘を受け、約五カ月間英語講習を行う。十一月　ロサンゼルスに移る。セントメリーズ・チャーチ（聖公会）より教会専任教授として招聘される（アメリカ人に日本文化の講演および日本語指導を行う。日本人に英語指導を行う）。	
七	一九三二	30	二月　リトル・トウキョウ劇団の専任監督に就任。	五・一五事件。ラジオ契約者一〇〇万突破。
八	一九三三	31	六月　ユニバーサル・プロダクションの「ビューティパーラー」の撮影にあたり、東洋人の部のシナリオ編成を依頼される。	
十	一九三五	33	三月　瀧田よねと結婚。九月　インターナショナル・プロダクションの「Rip Roaring Riley」に出演。東洋の場面に関する情景を作成。	ナチス政権成立。
十一	一九三六	34	四月　長男壽美雄誕生。	
十二	一九三七	35	三月　セントメリーズ・チャーチの牧師補試験	盧溝橋事件。

			に合格。十月 家族三人で帰国、神田錦町の瀧田家に寄宿。十一月、日本電報通信社（現・電通）勤務。十二月 日本放送協会に採用され、国際部のアナウンサーとなる。	
十三	一九三八	36	八月、世田谷区太子堂一六八番地に転居。	
十四	一九三九			第二次世界大戦（〜45）。
十六	一九四一	39	三月 次男洌誕生。	太平洋戦争。
十七	一九四二	40	八月 長女睦美誕生。	
二十	一九四五	43	八月 昭和天皇の詔勅を海外に向けて放送。九月、日本放送協会を依願退職。十一月 次女萬里子誕生。	東京放送会館を接収し GHQ（連合国軍最高司令官総司令部）が発足。
二十一	一九四六	44	二月 NHKラジオ「英語会話」（カムカム英語）の放送開始。七月「ニューヨークタイムズ」が、アンクルカムカムをマッカーサーにつぐ日本で民主主義を教えた人として紹介。九月 メトロ出版社を設立しテキストを製作。十月 東京ローンテニスクラブに入会。	日本放送協会、「NHK」を使用開始。
二十四	一九四九	47	九月「ザ・ニューヨークタイムズマガジン」が「カムカム英語」を紹介。	
二十五	一九五〇	48	二月 母民《たみ》の亡くなる。	特殊法人日本放送協会

年号	西暦	年齢	事項	関係事項
昭和二十五	一九五〇	48		成立。
二十六	一九五一	49	二月　五年間続いたNHKラジオ「カムカム英語」の放送終了。十二月　ラジオ東京（現・TBSラジオ）で「カムカム英語」の放送開始。世田谷区若林に転居。	
二十七	一九五二	50	九月、モーリス・マイナーを発注。十二月　ラジオ東京の「カムカム英語」の放送終了。	通商産業省、外貨割当規制を緩和。
二十八	一九五三	51	一月　日本文化放送（現・文化放送）で「カムカム英語」の放送開始。	NHK、日本初のテレビの本放送開始。日本テレビ、テレビの本放送開始。
二十九	一九五四	52	七月　文化放送の「カムカム英語」の放送終了。以後、七局ネットワークで「カムカム英語」の放送を継続。	
三十	一九五五	53	七月　七局ネットワークの「カムカム英語」の放送終了。以後、自宅を教室にして「カムカム英語」を指導。	
三十三	一九五八	56	一月　太平洋テレビジョンに入社、翻訳部長に就任。「ララミー牧場」「ボナンザ」など外国ド	

			ラマの吹き替え翻訳の先駆者となる。	
三十五	一九六〇	58	一月　同社副社長に就任。	
四十	一九六五	63	十二月　太平洋テレビジョンを退職。	ベトナムで北爆開始。
五十	一九七五			ベトナム戦争終結。
五十六	一九八一	79	四月　『みんなのカムカム英語』（毎日新聞社）を上梓。勲五等双光旭日賞を受賞。十月「秋の園遊会」に招かれ、昭和天皇にお声をかけられる。	
六十一	一九八六	84	二月、『カムカム英語』（NHKラジオテキスト英語会話復刻版、名著普及会）を上梓。	
六十四	一九八九			昭和天皇崩御。
平成元	一九八九			皇太子明仁親王ご即位（現・上皇陛下）。
四	一九九二	90	九月　英語教育特別功労賞を受賞。	
五	一九九三	91	八月　永眠。	

著者紹介

平川 洌（ひらかわ　きよし）

昭和16年、平川唯一の次男として東京・世田谷に生まれる。

昭和39年、自由学園最高学部経済学科卒業。同年、ホリー株式会社入社、貿易部に勤務。昭和50年、ホリー商事株式会社を設立し、全世界を相手にビズネス取引を展開。現在、同社代表取締役。カムカム英語センター・リーダー。慶應義塾外国語学校で25年間英会話講師を務めた。

また、ウクレレの第一人者でもある。クラウンレコード社からCD５点、教則本３冊を出し、ドレミ出版より全国販売。ハワイ、シアトル、タコマ、ビルマ、オーストラリア、韓国等々、国内外で演奏活動をする。NYカーネギーホールでは日本人で初めてウクレレソリストとして出演、10分以上のスタンディング・オベイションを浴びる。現在、18の教室でウクレレ・ソロを教えている。持ち前の英語を使って正しいアメリカ英語の発音で英語の唄がうたえるように生徒を指導している。

唯一の全Spiritが乗り移り、母の明るさを取り込み、何事にも精一杯立ち向かい、絶えず成功することを考えて行動する。父が教えてくれたBe different!で、何事にもひるまず挑戦を続けている。

〈連絡先〉カムカム英語センター
東京都大田区大森北3丁目35番16号　ホリー商事株式会社内
電話 03-3766-4721　FAX 03-3766-4014

協力（写真提供／資料提供）
高梁市歴史美術館
https://www.city.takahashi.lg.jp/site/takahashi-historical-museum/
写真提供＜数字は頁数＞：19、25、30、31、36、43、47、50、58、66、83、85、86、96、97、102、103、149、157、221、255、267、272、277、278、281、291、309

構成協力――網中裕之
編集協力――月岡廣吉郎

本書は、書き下ろし作品です。